マスクの下の小劇場

Theater under the masks

避密な時代のこころの秘密

岡田曉宜
Akiyoshi OKADA

木立の文庫

ようこそ！　マスク劇場へ

新型コロナウイルス感染症（covid-19）は、二〇一九年十二月に中国で報告された後、二〇二〇年一月一五日に日本でも感染者が確認されて、国際保健機関（ＷＨＯ）は、同年一月三〇日にcovid-19に関する「国際的に懸念される公衆衛生上の緊急事態」を宣言し、同年三月一一日にパンデミックと見なせると表明しました。それをもっていわゆる「コロナ禍」が始まり、二〇二三年五月四日に緊急事態宣言が終了するまでの約三年と三ヵ月間、私たちは〃コロナの時代〃においてさまざまなことを経験しました。

日本では二〇二〇年三月一三日に、新型インフルエンザ対策特別措置法が改正（翌日から施行）されて、covid-19が感染症法における新型インフルエンザ等感染症に位置づけられ（感染症法でいう二類に分類）、三月一五日にマスクの不正転売が禁止されました。同年四月七日に安倍晋三首相が初めて緊急事態宣言を発出し、私たちの〝マスク生活〟は本格化しました。

緊急事態宣言は、地域限定を含めて、一回目〔2020.4/7-5/25〕の後、二回目〔2021.1/8-3/21〕、三回目〔2021.4/25-6/20〕、四回目〔2021.7/12-9/30〕と四度にわたって発令されました。その間に東京オリンピック〔2021.7/23-8/8〕を挟んで、地域を限定して、まん延防止等重点措置が二度にわたって公示されて〔2021.4/5-9/30: 2022.1/9-3/21〕、これらの解除後も私たちの〝マスク生活〟は長いトンネルに入ったように続きました。

二〇二三年五月八日にcovid-19が二類相当から五類に移行するのに合わせて、「マスク着用は屋外では原則不要、屋内では原則着用」という方針へと緩和され〔5/25〕、同年三月一三日からは「マスクの着用は、個人の主体的な選択を尊重し、個人の判断が基本」という方針に変更されました。

これにより、私たちは社会的には〝マスク生活〟から解放されたのかもしれませんが、私たち一人ひとりの体験としては果たして解放されたといえるでしょうか。

コロナ禍における〝マスク生活〟のなかで私は、マスクをめぐってさまざまな回想・連想・空想を巡らせました。そうしたことを踏まえて本書では、私たちのこころのマスク／社会のマスクについて、皆様と一緒に考えたいと思います。

現実が真実をマスキング

辞書をみると、マスク*mask*という言葉には、①面や仮面や覆面、②鼻と口を覆う衛生用、③スポーツの防具、④防毒面（ガスマスク）、⑤顔立ちや容貌、⑥遮光のための遮蔽、などの意味があり、マスキング*masking*という言葉には、①覆い隠すこと。包み込むこと。②悪臭などを、他のよい香りや別の強い匂いで包み隠すこと。③コンピューター上でデータの特定の部位を隠し、処理に影響しないように保護すること、などの意味があります。

これらは物理的な意味でのマスクについての説明です。そこには「顔」「覆う」「隠す」「守る」「見せる」などの要素があります。物理的な意味でのマスクには常に形態や機能があり、行動上の目的になります。マスクによって「覆う」あるいは「隠す」ものは、たとえば、顔、口、鼻、目、頭部などさまざまですし、何によってそれらをマスクするのか？　についてもさまざまです。

一方で私たちは、物理的なマスクを指しながら、そこに心理的な意味を潜ませる場合がないでしょうか。それはあたかも、物理が心理を（外の現実が内の真実を）マスキングすると言ってもよさそうです。

本書では、物理的なマスクを超えて、心理的な意味でのマスクや、文化的なマスクについても、皆様と考えてみたいと思います。

マスクの下のドラマ

私たちは、コロナ禍にあってマスク生活を始める以前から、心理的な意味でのマスクをつけて日常生活を送っているように思います。

既に述べたように、マスクには「顔」「覆う」「隠す」「守る」「見せる」といった要素がありますが、私たちはマスクをして、顔に象徴される何かを覆い隠しながら守っているのでしょうし、そのようなマスク生活を他人に見せているし、そのような他人のマスク生活を見ているように思います。私たちのマスクの下にはさまざまなドラマがあるように思います。これが本書のタイトルが《マスクの下の小劇場》である所以です。

コロナ禍において、国内で緊急事態宣言が発出される頃〔2020.4〕、私たちに届いたものが〈三つの密〉（を避けましょう）という言葉でした。これは、新型コロナウイルスの感染集団（クラスター）が生じやすい状況として、〝密〟の字を冠する三つの状況が紹介されたのです。すなわち、密閉・密集・密接。これらの状況を避けるよう「三密《さんみつ》」という言葉で都民に飛びかけた小池百合子東京都知事は、二〇二〇年の新語・流行語大賞の年間大賞を受賞しました。

当時、私たちは「密閉した空間」「密集した場所」「密接した場面」を避けるという〈避密〉の生活を送るなかで、とうとう未踏の時代に突入したように感じたものです。三年の歳月を経て二〇二三年五月にcovid-19の五類への移行に合わせて、私たちはようやく、社会的には「三密」から解放されました。

しかしながら、コロナ禍における物理的な〈避密〉の生活を通じて、私たちはその後も引き続き、心理的に〈秘密〉の生活を送っているのでは？と思うようになりました。それが、本書の副タイトルが《避密な時代のこころの秘密》である所以です。

本書の前篇では、私の日常臨床の風景について簡単に紹介したあと、そこで展開する治療において「マスクの下で繰り広げられるドラマ」を、見てゆきたいと思います。本書で紹介する臨床素材はすべて私の経験に基づくものですが、臨床記述については、症例のプライバシー保護に配慮し、個人が特定されないように留意しています（症例のプライバシーをマスクすることが、近年の心理臨床の特徴といえましょう）。

本書の後篇では、コロナ禍におけるマスク生活のなかでの体験を、既発表のエッセイと〔木立の文庫のウェブサイト《ぼくたちコロナ世代——避密ライフのこころの秘密》〕書き下ろしで綴ります。

part 1

Life has its faces and masks

part 2

So many masks, so many minds

part 1

Life has its faces and masks

episode 1

こころのマスクを外す

私の本来の仕事は相談者の話を聴くことです。マスク（衛生マスク）をしていてもそれほど支障はありませんが、自分が話す際には、声がこもりますので、伝達という点において支障があります。また、長時間にわたってマスクをしていると、やはり呼吸が苦しくなります。コロナ禍において、自宅を出ると常にマスクをしていましたが、自宅に戻ってマスクを外すと呼吸が楽になります。マスクを外す瞬間に「外でなんとなく無理をしていた」ことに気づき、ようやく〝本来の自分〟に戻れたような気がします。そのようなとき私は、衛生マスクを外しながら**こころのマスク**を外しているのでしょう。

このような体験からすると、家という場所は**こころのマスク**を外して本来の自分に戻れる場所かもしれませんが、誰もが家でこころのマスクを外しているわけではないように思います。こころのマスクを自分の部屋でだけ外して、みんなと一緒の部屋ではつけている人もいるでしょうし、家のどこにいても外せない人もいるでしょう。

また、外であれ家であれ、小さい頃から**こころのマスク**を外したことがない人などは、自分自身がマスクをつけていることも知らないし、マスクを外した自分の素顔さえも知らないかもしれません。そのような場合、こころのマスクを外すのは、とても怖いものだと思います。

それまで別々の生活をしていた人どうしが一緒に生活するようになると、たとえば結婚して一緒に暮らすようになると、互いに**こころのマスク**の下の〝心の素顔〟を知るようになります。相手のこころのマスクの下の素顔を知ることから、本当の意味での結婚生活が始まるように思われますし、それは、みずからの〝こころの素顔〟を相手に見せることと並行しているのではないでしょうか。私が専門にしている精神分析的精神療法では、患者／相談者のこころのマスクの下にある素顔をみる作業をしているように思います。

Aさんのこと

コロナ禍に一般外来を訪れた、二十代の独身の女性です。

Aさんは、大学を卒業したあと、地元を離れて、教育機関で学生のサポートをする仕事に携わっていましたが、コロナ禍で在宅勤務となってから、「気分の落ち込み」や「意欲の低下」や「不眠」を呈するようになりました。

Aさんには弟が一人いて、発達障害があるということでしたが、詳細には語りませんでした。Aさんにも何らかの体質的な要因があるのかもしれませんでしたが、いわゆる「コロナうつ」を思わせる経過から、うつ病の診断で、少量の抗うつ薬と睡眠薬を中心とした薬物療法が始まりました。コロナに伴う在宅勤務はAにとって、自宅で静養する機会になりました。

コロナ禍において誰もがマスクをつけるのが普通になっていましたので、私はマスクを外したAさんの顔を見ることはありませんでしたが、Aさんの語りや、目元から読み取れる表情から、治療は順調に進んでいるようでした。

あるとき、Aさんの交際相手が「診察時に同席したい」ということがあり、Aさん同意のうえで診察の後半に診察室で同席することになりました。交際相手は「うつ状態のAさんの力になりたい」ということでした。

その出来事がきっかけとなり私は、Aさんの交際相手や家族に対する気持に触れることになりました。弟は発達障害ということではありましたが、実際には、重度の知的障害を伴う自閉症だということがわかりました。私は、Aさんが幼い頃から弟の障害のことでさまざまな苦労をしたであろうと思い、弟の障害についていままで話題にならなかったことについて、触れました。

Aさんは目に涙を浮かべて私の話をじっと聴いていました。私がティッシュペーパーを差し出すと、マスクをとって涙を拭いて鼻をかみました。そのとき、Aさんの素顔を初めて見ました。私はそれまでAさんという人物に会っていましたが、Aさんという人の**こころには触れていなかった**ように思いました。

交際相手はAさんの家族や生育史についてそれなりに理解しているようでしたが、数週間後にAさんは交際相手の男性と別れたようでした。Aさんは家族のことについて、交際相手に触れて欲しくないようでした。

コロナの感染状況の改善に伴って在宅勤務も終わり、Aさんのうつ状態は改善し、通院を終えることになりました。

コロナ禍において、さまざまな年代で抑うつ気分や心身の不調を呈する方が現れて、コロナに関連したうつ状態として〈コロナうつ〉という言葉が話題になりました。

経過からみると、Aさんの病態も〈コロナうつ〉といえるかもしれません。〈コロナうつ〉という概念は、「生物‐心理‐社会」医学モデルでいえば、「社会」的な要因からみた精神病理学的な理解といえるでしょう。コロナ禍のなか、さまざまなケースをまずコロナに関連した障害として考える傾向があり、そう考えると〈コロナうつ〉といえるようなケースに遭遇することもありました。

しかし、それぞれに個人史や背景を有するケースを「社会」的な要因のみで理解するわけにはいかないように思いますし、社会的要因から理解を進めることによって生物的要因や心理的要因がマスクされる可能性もあるように思います。特にコロナ禍にあっては、そのような傾向は避けられないことなのかもしれません。そもそも、マスクをつけた状態での診療が日常化していることは、そのようななにかをマスクしていることを象徴しているかもしれません。

Aさんの精神医学的診断は〈うつ病〉であり、薬物療法と休養によって病状は改善に向かいました。しかしその後の治療経過のなかで、Aさんのうつ病の背景にある心理的要因が徐々に明らかになっていったのです。精神医学的診断は、精神症状を呈する患者についての精神医学的理解の一部であり、診断というひとつのラベルです。Aさんは「うつ病」と診断されて病名というマスクをつけていたともいえるでしょう。

そのマスクの下には、弟の障害をめぐるさまざま心理的な体験があるように思われました。近年、障害をもつ子どもの兄弟姉妹のことを「きょうだい児」といわれるように、Aさんの心理を「きょうだい児」という言葉で理解することはできるでしょう。しかし、Aさんについて「きょうだい児の心理」とひと括りにしてしまうのは、精神医学的診断と同様、Aさんのこころにマスクをつけることになるように、私は思います。

健康保険制度における精神科の一般外来の役割は、精神医学的診断に基づく治療を提供することで、患者さんの症状を軽減して、生活への適応を向上させることでしょう。その点において、Ａさんの治療は適切におこなわれたといえるかもしれません。

しかし、弟の障害をめぐるＡさんのさまざまな体験は、心理的要因として重要であり、うつ病の再発防止の観点からも、また青年期臨床の観点からも、とても重要です。

Ａさんの交際相手は、Ａさんの家族や生育史について理解し、うつ病で苦しむＡさんの力になりたいということでしたが、Ａさんの態度や語りから、そのような交際相手の態度はＡさんにとって苦しい体験であったように思われます。

Ａさんは私との治療のなかで、みずからの家族や生育史について積極的に話そうとしませんでした。むしろ避けていたようにも思われます。弟の障害をめぐるさまざまな体験はＡさんにとって、言葉にすることのできない体験であり、他人が触れることのできない「傷つき」や「葛藤」が〈うつ病〉という病名のマスクに覆われているようで、私はあえて言葉で顕わにしないまま、そのようなAさんのあり方を受け留めることにしました。それは「Aさんのこころ（あるいは治療）にマスクをつける」作業であったように思います。

精神科一般外来における日常臨床では、患者の病歴や症状などから精神医学的診断をつけて、患者の心身の症状や生活上の困難の軽減や改善を目指します。

それは、怪我をした身体に包帯を巻いて、傷の手当をするように、こころの傷を覆うことなのかもしれません。マスクの下で繰り広げられている〝こころのドラマ〟は、マスクを外さないと観ることはできないでしょう。コロナ禍においてマスク生活やマスク診療が日常化したように、私たちは普段からこころにマスクをしているように思います。

episode 2

子どもの頃の思い出

子どもの頃には、マスクというと、ガーゼ製のマスクしかありませんでした。二〇二〇年四月から国民に配布された「アベノマスク」を手に取ったとき、どこか懐かしい心地になったのを憶えています。

私が小学生だった頃には、風邪を引いて咳や熱が出ても学校に行くのが「強い－元気な子」であることを示していたように思います。おそらく学校の先生だけでなく、大人は誰もがそのように思っていたように思います。逆に、風邪を引いてマスクをしていると、自分が「病－弱」なことを周囲に示すので、風邪を引いて咳をしていても、マスクをすることなどはほとんどなかったように思います。特に男子にはそのような傾向があり、冬でも男子は毛糸のセーターなどを着ることはなく、みんなが半ズボンを履いて登校していました。

よって、マスクをせずに咳をしている子が教室にいても、みんながそれほど気にしないという雰囲気がありました。いまから思えば、風邪を引くということは「薄着をして身体が冷えて、咳やくしゃみをしている」だけというイメージがあったように思います。

でも、大人はマスクをしました。私の祖父も父も、私が子どもの頃には自宅に隣接して開業（内科・小児科）していたので、マスクをした患者さんたちの姿をよく見かけました。ガーゼ製の真四角の白いマスクは、何度も洗って使ううちに縮んで色褪せて綻びて、まるで使い古した下着のようで、子どもの頃の私は、マスクに対して小汚いイメージをもっていたので、たとえ給食当番でマスクをすべき時でも、かっこわるいと思っていました。

もともと長方形だった「アベノマスク」が徐々に菱形になっていく安倍首相の姿を見たときに、どこか懐かしさを感じた人もいたのではないでしょうか。ガーゼ製のマスクを見ると、今日のように代替品が普及する前は、布おむつや包帯を何度も洗って使っていたことを思い出します。

Bさんのこと

四十代の頃から長期にわたって「ヒステリー」の見立てで精神分析を受けていた五十代の独身女性です。

精神分析においてBさんの身体症状は転移*〔☞p.26〕を通じて、自由連想を含むさまざまな言葉や行動へと置き換わり、転移に着目したとりくみが続けられました。しかし、変化を阻む抵抗の分析の過程で、心理的要因から生物的要因への変質という力動的理解が生まれ、Bさんと合意して精神分析は終結を迎えました。

その後、父親が他界した後、心身の不調が再燃し、Bさんは私との関わりを求めて、医療機関を訪れました。それは分析終結から数年が経過した頃で、コロナ前のことでした。

Bさんは、以前の精神分析過程において日常的にマスクをするようになりました。当初はインフルエンザなどの感染防止のためでしたが、後にマスクは、精神分析のなかで自分を見せることへの抵抗感があっての、自分を隠すための「伊達《だて》マスク」であるという理解に至り、その後も「伊達マスク」はBさんの生活習慣の一部になっていきました。

今回、私と数年ぶりに再会した際にも、Bさんは以前と変わらずマスクをしていました。Bさんも私も、外見的にはそれなりに年を取っていましたが、Bさんの語る内容や様子から、Bさんは心理的に当時のままで、相変わらずの部分があるようでした。かつての精神分析は個人オフィスで営まれていましたので、私がBさんと医療機関で会うのは初めてのことでした。

Bさんの受診の動機は、精神分析や精神療法を再開することではなく、みずからのメンタルヘルス不調による「就労困難」に対して精神科医としての私に「現実的なサポート」を求めることにありました。精神分析終結後に医療機関に精神科医としての私を訪ねることについて、Bさんはかなり逡巡したようですが、「わたしのこころのなかを知っている人は先生だけなので、先生しか頼ることができませんでした。ほんとうはこんなかたちでお会いしたくなかったです」と受診について述べました。

　Bさんの精神分析において「甘え」や「疾病利得**」〔☞p.26〕などのテーマは行動化***〔☞p.27〕とともに何度も展開しましたが、今回は医療機関における精神科医の役割として、私は、休務により休養できるように診断書を作成しました。Bさんは、私の精神科医としてのサポートに対して感謝の気持を述べました。ちなみにBさんのもとでは、母親の介護という役割から自由になれない状況が続いていました。

コロナ禍になり、Bさんは感染防止のためのマスクをつけて通院するようになりました。やがて職場で定められた休職期間の満了の前に早期退職制度を利用し、会社を退職する決断をしました。これまで職場にしがみついていたBさんにとって、諦めと、覚悟と、分離の体験でもありました。

Bさんにとって、コロナ前からマスクは生活に必要なもので、マスク生活は自然なことになっているようですし、それらは**こころのなかをマスクする**Bさんの行動や生活になっているようです。

医療機関を受診する患者さんの診断は共通の基準によってなされますが、お一人おひとりの歴史や背景はさまざまです。Bさんの医療機関への受診は、そこに至るまでの私との精神分析終了後の過程にあるといえるでしょう。

精神分析では、患者さんはカウチ（寝椅子）に横たわり、こころに浮かぶことを自由に言葉にします。このようなやり方は〈自由連想法〉と呼ばれます。これにより、こころの覆いを少しずつ取り除き、言葉による表現を目指します。

Bさんも〈自由連想法〉を続けていましたが、自分にとって不都合なことについては「見ざる－言わざる－聞かざる」の状態でした。やがてBさんの言動を通じて「隠す－見られる－見せる」というダイナミクスが展開し、Bさんのマスクをめぐって、私との交流のなかでさまざまな理解が生まれました。着けていたマスクは基本的に同じでしたが、Bさんにとってのマスクの意味は、インフルエンザなどの感染防止のためのマスクから、自分を隠すための「伊達マスク」、やがて自分を美しく見せるための「伊達マスク」という意味へと変化してゆきました。その過程は「感染防止マスク」の下には、恥ずかしい自分を隠す「伊達マスク」があり、さらにそのマスクの下には、自分を美しく見せる「伊達マスク」があった、といえるでしょう。

精神分析の作業とは、こころのマスクの下にある〝素顔〟を見てゆく患者さんとの共同作業といえるでしょう。そもそもBさんが感染防止のためにマスクをするようになったのは、精神分析過程で展開したひとつの〈行動化〉と考えられます。行為としてのマスクをめぐっては「マスクするもの／されるもの」の関係がありますし、「何が／何を」マスクしているのか、というダイナミクスがあります。このようなダイナミクスのなかで、Bさんはこころのなかに幾つものマスクをしていたのでしょう。

コロナが流行する前から、冬にはインフルエンザ予防のために、春には花粉症防止のために、外出時にマスクをする人たちが増えて、マスクをして外出することは特に珍しいことではなくなってきたように思います。

精神分析過程において、それまで自分がしているマスクを「感染予防マスク」だと思っていたBさんがほんとうは「伊達マスク」であるということに気づいた頃、テレビやインターネットのニュースで「伊達マスク」という言葉が近年の日本人の社会的現象として報道されていました。「伊達マスク」のダイナミクスは、Bさんに限らず、日本人に多く見られる現象なのかもしれません。

また、こころに幾つものマスクをしているという状況も、Bさんに特有のことではないのかもしれません。

それでは次に、医療機関で再会した後のBさんについて考えてみたいと思います。Bさんとの精神分析の終結後、医療機関で私との関わりを求めて再会したBさんは、以前と同様にマスクをしていました。コロナの流行によりマスクは、政府の要請に基づく社会的義務となり、医療機関においてBさんも私も、マスクをつけることは当然の行動となり、マスクをする姿は自然な光景になっていました。外見的には、インフルエンザやコロナの感染対策マスクも、花粉症対策マスクも、伊達マスクも同じです。かつてBさんの精神分析のなかで取り除かれていたマスクの意味は、コロナにともなう社会的義務によってすっかり覆われてしまったように思います。「コロナ‐マスク」という連結は、私たちのマスクの下にある〝自分〟というものをマスクしてしまったように思います。

　かつてのBさんは精神分析の患者さんでしたが、数年後に医療機関を受診したBさんは、精神医療の患者さんでした。概して精神分析では、「こころの覆い」を取り除いて何かを表現することを目指しているのに対して、精神医療では、「なにかを覆う」ことによってこころを支えるのを目指しているといえます。

　このような臨床実践の違いは、精神分析家としての役割と精神科医としての役割の違いをもたらします。私は精神分析家から精神科医としての役割に変化する必要がありましたが、そうした変化を、精神分析終結後の過程として理解することができます。

たとえば、Bさんにとって、医療機関において私から精神科医としてのサポートを得ることは、かつての私との精神分析のなかで十分に体験できなかった「甘え」や、十分に体験し尽くせなかったことを再演しているのかもしれません。

ただし、そのようなBさんの無意識的な体験は、精神医療におけるサポートという覆いによって包まれているのでした。

*転移とは「過去に重要な意味をもっていた人物や対象とのあいだで経験した感情や観念や行動などを、現在の人物や対象に向ける」現象のことです。患者やクライエントが治療者に対して抱く気持や考えのなかには〝転移〟が含まれることがあります。転移は無意識に展開するので、本人は気づいていないことが多いですが、時に意識的に展開し、本人は気づいている場合もあります。

**疾病利得 *gain from illness* とは、病気になることで利益を得ることです。症状による内的（心理的）な利得は「一次」疾病利得と呼ばれ、症状による外的（現実的）な利得は「二次」疾病利得と呼ばれます。たとえば、症状によって「みずからの罪意識による自己処罰願望」が満たされる場合は一次疾病利得、このような症状が続くことによって、障害年金を取得するような場合は、二次疾病利得と考えることができます。

***行動化とは、治療過程において、高まった葛藤や感情などが言葉ではなく行動を介して表現されることを指す。治療場面の外で展開する行動化は*acting out*、治療場面の内で展開する行動化は*acting in*と呼ばれる。治療過程で高まる葛藤や感情は、しばしば、治療者に向けられた〈転移〉の結果であることが少なくない。

episode 3

マスクをめぐる対人関係

コロナ禍において、ウイルスなどの感染経路として、空気感染・飛沫感染・接触感染があることが広く知られました。マスクには、会話や咳やくしゃみの際の飛沫を防ぐ効果が期待されます。マスクによる感染防止には、吐き出し飛沫を防ぐことで自分の感染症を他人に「感染《うつ》さない」という意味と、吸い込み飛沫を防ぐことで他人から感染症を「感染《うつ》されない」という意味があります。前者は他者保護であり、後者は自己保護になります。マスクをつけることは、ウイルスなどの感染症をめぐる〈被害－加害〉関係が前提となります。

マスクをしていると、自分が感染者である可能性を示すことになりますし、マスクをしている人に出会うと、相手が感染者である可能性を考えるでしょう。コロナのパンデミックにおいてマスクをしていると、自分も安心でしたし、周囲の人たちも安心だったでしょう。逆に、パンデミックが収束した後もマスクをしていると、「コロナに感染しているのではないか」という不安を周囲に抱かせかねません。少なくとも収束前には、マスクをつけることで「安心」ではなく「不安」が生じていたように思います。

上司から注意を受けたり、同僚と口論になったり、嫌な体験をした翌日に「風邪をひいたので」と、マスクをして現れる方がいます。実際に風邪をひいたその人の無意識のダイナミクスを考えると、マスクで顔を隠すことは、「自分の攻撃性を相手に見せたくない」意味合いや、「相手の攻撃性から自分を守る」意味合いがあるでしょう。その一方で、不快な相手の「顔も見たくない」という**相手を拒絶するという攻撃性**の表れでもあると思います。

少なくともコロナ前には、ビジネスシーンでマスクをつけることは失礼に当たるという考えがあったように思います。マスクをつける対人関係には、無意識的な被害者 - 加害者関係が存在し、相手の情緒的な交流を絶つという〈拒否的な行動〉としてのコミュニケーションになるのでしょう。

Cさんのこと

芸術系大学の四年生の女子学生で、大学の保健施設の精神科医の紹介状を携え、母親とともに医療機関の外来を受診しました。

初回面接で最初にCさんが診察室に入室しました。コロナ前の冬の季節でCさんはやや不自然にマスクをしていました。紹介状には、Cさんが在学中に低体重のために大学保健施設で関与することがあり、拒食症の診断で大学外の医療機関に紹介したこと、この春に大学を卒業し、地元での就職が内定しているため本医療機関への受診を勧めたことが書いてありました。

本医療機関はCさんの実家の近くではありませんでしたが、私は紹介状に基づいて、主訴・生育歴・治療歴、現在の病状、受診の理由などについて尋ねました。ただ、マスクを介しての表情の乏しさや声の小ささのため、Cさんとの情緒的な交流は難しい状況でした。

本人によれば、食事は少なめでも普通にとっていて、過食嘔吐や下剤の使用はないとのことですが、生理は不規則で、着込んでいる服から見える首など身体の線の細さから、低体重は明らかでした。私は顔の表情などを診る必要を感じて、「一度マスクをとって欲しい」と伝えました。ところがCさんはマスクをとりたくないと述べました。理由については語りませんでした。

初回面接の後半に母親に入室してもらい、母親からも話をうかがいました。

母親の話をうかがって、以下のような病歴を得ることができました。Cさんはもともと食が細かったようですが、幼い頃から続けてきた芸術活動を続けるために、両親の勧めで地元から離れた大学に進学しました。大学入学後に拒食症を発症し、低体重によって体力や集中力が低下し、主たる学業である芸術活動に支障を来すようになりました。Cさんはそれなりに芸術活動で評価されていましたが、大学では実力のある多くの学生と自分を比べて、自分の実力に自信をもてなくなったようでした。

Cさんは学業不適応になり、指導教員から紹介されて、大学の保健管理施設を経て、医療機関に通院するようになり、医療機関からの診断書を受けて、学業に対して健康上の配慮がなされました。指導教員の理解と支援により、なんとか四年で大学を卒業できるようでした。次年度からの就職について既に内定していましたが、就職に関してはいろいろな意味で、両親の職業上のつながりがあるようでした。

初回面接で私が抱いたCさんの印象としては、「拒食症を抱えて数ヵ月後に就職を控えている」という当事者としての意識に乏しく、**自己物語の主人公**として生きていないように思えました。また、マスクを外すことを拒むCさんの様子は「自分を見せる」ことへの抵抗のようで、精神医療における共同作業の難しさを、私は感じました。

Cさんのマスクの下の顔を、私は実際に見ることはできませんでしたが、低体重によって頬がこけて、嘔吐によって耳下腺が腫れていて、頬と口元の境界にあるほうれい線が浮き出ているCさんの顔を、私は想像しました。

医療機関を受診する患者さんが医師による診察を受ける際に必ずマスクを外す必要はないと思いますが、たとえば咽頭痛のために咽頭を診察する必要があれば、患者さんにマスクを外してもらわなければならないように、症状に関連した部位を診察するために患者さんのマスクを外す必要があるならば、患者さんにマスクを外すように伝えるのは普通のことといえるでしょう。

ところが、コロナ前から精神科を受診していた患者さんのなかには、Ｃさんのように、マスクを外すことを拒否する方がいます。精神科診療では、比較的良好な医師－患者関係を形成することが重要ですので、コロナ前は、互いにマスクを外して言語的－非言語的に交流していました。

マスクをめぐる比喩として、初回面接とその後の経過を見てみましょう。

初回面接では医師も患者も互いにこころのマスクをしているといえるでしょう。その後の治療経過のなかで、意図的にも、非意図的にも、互いにマスクが取れてくると、相手がどういう人なのかということが少しずつわかってくるように思います。

たとえば「『自傷行為をした』と言うと、先生は不機嫌な顔になる」「外来が混んでいると、先生は時計を何度も見る」など患者さんは医師のことを観察しています。他方で、たとえば「この患者さんは自分と目を合わせない」「胃酸の混じったような口臭がするので、きのう嘔吐したのだろう」などと医師もまた患者さんのことを観察しています。つまり、治療経過のなかで、初回面接にはわからなかったことが徐々にわかってきます。これらは、治療場面におけるマスクが取れていく過程といえるかもしれません。

Cさんの治療経過について簡単に述べたいと思います。

大学の保健施設からの紹介状を見る限り、Cさんは指導教員を含めて大学で抱えられていたように思われます。しかし、大学外の医療機関からの診療情報提供書はなく、実際には診断書の作成が中心で、ほとんど通院していなかったようでした。また、母親がCさんの外来受診時に同席を求めて、Ｃさんがそれに従っている様子などから、指導教員や大学保健施設などの大学によるＣさんの支援においても、大学に対する親の関与が大きかったことが徐々にわかってきました。これらは、Ｃさんや母親による組織への転移〔☞ p.26〕として理解することができるでしょう。その意味で転移は、こころのマスクが取れて「言動に表れる」ことといえるように思います。

Ｃさんは地元で就職するまでに何度か、母親と外来を受診しましたが、親の関与した世界にあって「当事者」としての自覚が乏しい様子などから、私には、Ｃさんが新年度から社会人として心身ともに健康な状態で就労できるようには思えませんでした。

新年度、Ｃさんの社会人生活が始まりました。数週間が経過した頃、マスクの下の素顔を見るまでもなく、Ｃさんの体重は減っているようで、体調不良のために仕事に支障が出るようになりました。体調不良は、仕事上のストレスが無いわけではありませんが、基本的には以前からの〈拒食症〉の増悪によるものと考えられました。

Ｃさんの母親は、かつてのＣさんの学業に対する健康上の配慮と同様、医師による診断書を提出して、就労にまつわる健康上の配慮を求めました。しかしCさんの職場では、年休は、入職後六ヵ月勤務を経てから認められるようで、入職後六ヵ月以内に病気などを理由に休務が発生した場合には労働契約が解除される、ということがわかりました。結果的にCさんは、病気を理由に仕事を退職することになり、その後、自宅からさらに近い医療機関への転院を希望し、私は診療情報提供書を作成し、本医療機関におけるCさんの治療を終えました。

Cさんは、私の精神科外来において、最後までマスクを取ることはありませんでした。マスクを取ることを拒むCさんのダイナミクスは、マスクの下にある自分の素顔という「本当の自分」を治療者に見せないことや、不安や葛藤などの「自分の病理」に治療者が触れないようにすることを象徴しているようです。このようなダイナミクスは、マスクを取ることや問題が明らかになることへの抵抗といえるでしょう。

拒食症は思春期において、家族のダイナミクスのなかで発症することが少なくありません。Ｃさんの両親は、Ｃさんが幼い頃から芸術活動で活躍することを期待し応援してきたようですし、大学でも勤務先でも、Ｃさんの不適応状況に対して親として一生懸命に関わってきました。それらは親として当然のことかもしれません。

一方でＣさんの親は「親というマスク」をつけていたように思います。ではその下には、どのような〟素顔〟があるのでしょうか。それは治療過程において「親のマスク」を取らないと本当にはわからないことだと思いますが、これまでの限られた関わりから想像すれば、「親が抱いている娘のイメージをＣさんに向けて、Ｃさんを支配していたい」という顔があるように思います。

ではＣさん自身はこれまで、自分の親をどのように体験してきたのでしょうか。これまでのＣさんとの関わりにおいて、それが言葉や感情を通じて表現されたことはありませんでした。実際に「マスクを外すことを拒む」様子から、Ｃさんの親に対する気持は、マスクの下に隠されていたように思います。そしてＣさんの私に対する態度は、まさにCさんの親に対する態度そのものであるようにも思います。

Cさんの転院により、残念ながら治療的関わりは終わりを迎えましたが、Cさんと親には、こころのマスクを取る日は訪れるのでしょうか。私にとってCさんとの経験は、医療機関における日常臨床のひとつですが、世の中には、精神医療との接点がなく（あるいは少なく）、こころにマスクをして過ごしている方々が普通におられるように思います。

episode 4

「隠す」マスクと「見せる」マスク

コロナ禍でマスクは、おしゃれ用のファッショナブルマスクにも進化しました。医学的な意味で「清潔」をイメージさせる白色または水色のサージカルマスクは、基本的に血液や体液や細菌などの「不潔」なものが付着することを想定して、注射針やシリンジなどと同様にいわゆる「ディスポ」(使い捨て *disposable*)の消耗品として使用されています。汚いものを**隠す**役割、紙タオルや紙おつむなどと同じ役割なのかもしれません(もしサージカルマスクが医療のコスプレとして用いられるならば、それは「見せるマスク」といえますが)。

コロナ禍において、不織布マスクという存在に触れることになりました。布マスクやウレタンマスクなどは洗濯がしやすく、布マスクにも、絹、綿、麻、デニム、ダンガリーなど、さまざまな素材があります。化学繊維であるウレタンマスクは、価格や装着感などから若い世代に人気がありますし、不織布マスクにも色やデザインなどに工夫が施され、さまざまな種類があります。このように、マスクという本来の「隠す」という機能を保ちながら見せるということでマスクをおしゃれとして楽しむことができるでしょう。

このようなマスクの進化は、隠すことと見せることをめぐるファッションを展開させました。外からは見えないはずのタンクトップやキャミソールを外から見えるように着る「見せるインナー」や、下着が見えるくらいに腰穿きする「腰パン」なども思い当たります。そもそも化粧《makeup》とは、白粉や紅などで素顔を隠すことによって自分を美しく見せる装いです。「隠すマスク」と「見せるマスク」という二つの側面から、ファッションの本質は「隠すことと見せることのあいだ」にあるように思われます。

マスクには、顔に直接つけるという点で下着（肌着）の側面がありますが、外に晒しているという点で上着（外套）の側面があります。下着だったり上着だったりする「靴下」のような位置づけなのかもしれません。

Dさんのこと

二十代後半の会社員の男性です。Ｄさんは大学を卒業して、ある会社に就職し、営業の仕事をしていましたが、職場でパワハラを受けて体調不良になり、職場から休職のための診断書が必要と言われて、医療機関の外来を受診しました。

初診の四日ほど前から有給休暇をとって仕事を休んでいました。コロナ禍にあって、Ｄさんはマスクをして診察室に入ってきましたが、その若い風貌やキャップを被って話す様子などから、社会人という雰囲気は感じられませんでした。

パワハラとは、大勢の前で一時間以上立たされて叱責されるというもので、他の職員も同じ体験をしているとのこと。体調不良について尋ねると、少し考えて、不眠と胃痛を挙げました。

Ｄさんは妻と二人住まい。両親は近くに住んでいて、職場での問題も知っているということでした。Ｄさんは職場でのパワハラ体験に伴う体調不良で仕事を休んでいましたが、その時点で上司の行為について、職場でのハラスメント相談などで苦情申し立てをする様子はありませんでしたし、自分が受けた苦痛や上司への怒りなどを、私に積極的に語る様子もありませんでした。

Dさんは、不眠や胃痛などの改善を求めているわけではないので内服薬などは要らないということで、仕事を休むために診断書を書いて欲しいと述べました。

私は「適応障害」という病名を伝えて、Dさんの意向を踏まえて「一ヵ月間の休務による休養が必要である」という意見を上記の病名に付記して診断書を作成しました。その後もDさんは毎月、外来を受診して、私は同じ内容の診断書を作成しています。

そのようななかでマスクの着用に対する政府の方針が「個人の

主体的な選択を尊重し、個人の判断が基本」と変更されました*〔☞p.52〕。しかし本医療機関では「受診の際には院内でのマスク着用に協力を求める」という方針を続けることになりましたので、受付で、Dさんにも院内でのマスク着用への協力をお願いしました。ところがDさんは、マスク着用は個人の判断だと主張して拒否し、小トラブルになりました。Dさんは、待合室でも診察室でもマスクを外しています。

受診時の様子などから、Dさんの受診動機は心身の不調の治療ではなく、職場から離れるために診断書を得ることにあると思われました。医療機関を受診し不眠や胃痛を訴えることは、心身症**（ストレス性の心身の不調）（☞p.53）というマスクであり、これによって診断書を提出して「仕事を休みたい」というDさんの本音を覆い隠しているのかもしれません。病気や症状を有することで何らかの利益を得ることは、〈疾病利得〉（☞p.26）と呼ばれます。

かつてヒステリー患者では、心身の不調などによる心理的な利得（一次疾病利得）があり、それが長期化することで、現実的な利得（二次疾病利得）が発生すると、患者は疾病を手放すことが難しくなると考えられています。これは、患者の症状や疾病が患者の利得をマスクしている（覆い隠している）ということであり、そのマスクの下の〝本音〟を見ていくことが本来の精神分析の仕事と言えます。

ただしDさんは「診断書を書いてほしい」と自分の言葉で担当医に要望を伝えていますので、要望を隠しているわけではないようです。前述のヒステリー患者の場合とは異なり、現実的な利得が前面にあるように思われます。もしDさんの訴える不眠や胃痛などの症状が「本当でない」***〔☞p.53〕のであれば、それは詐病 *malingering* といえるでしょう。Dさんは不眠や胃痛に対して薬物療法や心理療法などを求めておらず、実際には、診断書を提出して、仕事を休んでいるだけです。Dさんが詐病である場合、担当医はDさんの詐病に加担しているということになるかもしれません。

　ところが、精神科の診断の多くは患者の主観的な症状に基づいているので、患者の訴えが「本当でない」と判断するのは困難です。また、詐病は「本当の病気ではない」という意味で用いられますが、病気や症状を偽装して何らかの利益を得る目的が本当であるなら、むしろ困難な精神病理があるように思われます。

　いずれにしても、担当医としてDさんの主訴と言動の矛盾などを指摘し、「本当でない」として扱えば、Dさんは自分の訴えを否定されたと体験し、ハラスメントであると体験し、二次的なハラスメントに発展するかもしれません。

また、不眠や胃痛などの症状が「本当だ」としても、Dさんは心理的解決でなく、現実的解決を求めているという意味において、心理的なことをマスクしている（覆い隠している）といえそうです。

そうだとすると、Dさんが覆い隠している〝心理的なこと〟はどのようなものでしょうか。覆い隠されているので容易にはわかりませんが、臨床的には、徐々に明らかになることもあります。Dさんは医療機関の受付で、マスク着用をめぐってトラブルになりました。診察室での様子からも、Dさんは自己中心的で自己愛的であるために、施設や組織の方針に従うことが難しく、さまざまなトラブルが起きるのではないかと思います。そのような状況でDさんは、おそらく職場で上司に叱責されたのではないかと想像できます。

心理臨床においては「なぜ、このように自己中心的で自己愛的なこころになってしまったのか?」という疑問が生まれるでしょう。Dさんはみずからのこころのなかで起きていることを覆い隠していますが、それじたいがDさんのこころのマスクに拠ると考えられます。

Dさんの立場になって考えれば、Dさんにはこころのマスクによって心理的な何かを覆い隠す必要があるのでしょう。

医療機関における担当医の役割が患者さんの〝こころを支える〟ことであるとすれば、「抱える」という意味で、Dさんがこころのマスクで隠しているものを覆うことが必要なのかもしれません。

他方で、Dさんが職場でのハラスメントによる心身の不調に対して担当医がDさんの求めに応じて診断書を作成すれば、担当医を支配するという自己愛的な満足をDさんは体験することになるでしょう。そのような担当医の関わりがDさんにとって治療的な意味をもつかどうか？　そこにはさまざまな議論がありそうです。

＊厚生労働省は「受診時などの際には、周囲の方に感染を広げないためにマスクを着用しましょう」と注意喚起を続けていました。他方で、本人の意思に反してマスクの着脱を強いることがないよう、個人の主体的な判断が尊重されるよう、配慮を求めていましたが、事業者の判断

でマスク着用を求められる場合や、従業員がマスクを着用する場合があることに言及しています。

**心身症とは、診断的には、身体疾患のなかでその発症や経過に心理社会的因子が密接に関与し、器質的ないし機能的障害が認められる病態を指していますが、治療的には、いわゆる神経症やうつ病などの他の精神障害に伴う身体症状を含めて用いられることがあります。

***「本当」とは、ふたつの意味で用いられます。ひとつは、客観的な現象や出来事という意味での事実*fact*で、揺るぎようのない唯一のものです。もうひとつは「嘘偽りない」という意味での真実*truth*であり、人によってさまざまな真実があり得ます。心理臨床においては、事実／真実という見方よりも、外的現実／内的現実という見方をします。前者は実際に起きた客観的な出来事であり、後者はその人が主観的に体験した出来事といえます。

episode 5

マスク美女とマスク美男

マスク生活の幕開けとともに「マスク美人」という言葉を耳にするようになりました。たしかに私も電車の中などで、マスクをした女性や男性がハンサムに見える経験を何度かしました。そもそも「甘いマスク」とはハンサムな男性の相貌を指すわけですが、人はマスクをしていると、なぜ美女・美男に見えるのでしょう？　錯覚なのでしょうか？　認知心理学的には、マスクをしている／していない顔を見ての実験で、客観的に捉える必要があるでしょう。

私はそこに「隠すこと」と「見せること」のダイナミクスがあるように思います。人は隠れて見えないものを見ると、そこにあるものを無意識的に想像するように思います。そのような無意識的な想像には常に、期待や願望などが投影されているように思います。たとえば、外見的に整った女性や男性の後ろ姿を見て「どんな人なのだろう？」と想像することがあるでしょう。実際に美女や美男であることを期待し、たまたまその人が振り返って顔が見えたときに自分の想像と違って戸惑ったりすることや、期待どおりで納得することもあるかもしれません。また、知人から包装紙で覆われた箱を贈られて、中身は何だろうと想像しながら、箱の中を見てみると、期待どおりのこともあれば、期待が外れることもあるでしょう。

このように、人は隠れて見えないものに対して、期待を抱きながら願望を投じて、想像によって補完することで全体を捉えようとしているように思います。なぜ私たちは、こうした期待や願望を投じるのでしょうか。そこには、隠れて見えなくさせている「覆い」を取り除いて、そこに何があるのかを見たいという本能があるように思います。それは北山修のいう〈見るなの禁止〉に対する〈見たいの衝動〉といえるかもしれません。また他方で「怖いもの見たさ」などの心理もあるところからすると、人が隠れて見えないものへと投じるのは期待や願望だけでなく、不安や、恐怖もあるでしょう。

Eさんのこと

Eさんは二十代半ばの女性です。コロナ禍において、気持が落ち込み、倦怠感・頭痛・腹痛・めまい・耳鳴りなどを主訴に医療機関の外来を受診しました。内科を受診し、精査の結果、症状を説明する身体医学的な異常はないために、心療内科の受診を勧められたということでした。Eさんはパートの仕事に就いていましたが、二週間ほど前から仕事を休んでいました。現在の仕事で、それほどストレスはないようでした。

Eさんの現在の症状はずいぶん前からであるようで、私は生活歴をうかがいました。Eさんは幼い頃に、父親の借金が原因で両親は離婚して、妹とともに母親に引き取られました。父親のことは憶えていないようです。Eさんは中学生の頃より精神科に通院し始め、自殺未遂で入院歴もあるようで、その後も起立性調節障害や睡眠障害などのために、さまざまな医療機関に通院したことがありました。

数年前、ストーカーから逃げるために母親や妹がいる地域から離れて、現在の地域に転居したということでした。また以前に、詐欺まがいのことに巻き込まれて現在も借金を少しずつ返済しているようでした。現在は交際相手の男性と同棲しており、結婚も考えているということでした。

幼い頃の喪失体験などのように、本来与えられるべき適切な環境を与えられなかったことで身体化*〔☞p.65〕が起きている身体症状症**〔☞p.65〕だと、私は理解しました。また、ストーカーや詐欺まがいのエピソードはいずれも外傷的なものであり、外傷性の病態も関与しているだろうと思いました。

Eさんはこれまで精神科での治療歴もあり、薬物療法としてさまざまな処方をしてもらったそうですが、いずれも副作用のために内服を中断せざるを得なかったといいます。

私は「幼い頃からの環境的要因による心身症」という理解をEさんに説明して、無理に薬物療法を勧めず、身体症状で仕事を休んでいるEさんにとって「現実的に必要な休務による休養が必要」という意見を含んだ診断書を作成することにしました。

一過性のストレスによる適応障害とは異なり、私は休養の期間を二ヵ月としました。Eさんは私の見立てに対してあまり実感はないようでしたが、私が提示した方針を素直に受け入れました。その後、Eさんは毎月、必ずマスクをつけて外来を受診しています。

内科で心療内科を勧められて受診したEさんの多彩な身体症状は、いわゆる不定愁訴であり、医学的に説明できない身体症状 *medically unexplained physical symptoms(MUPS)* と考えられました。これらの〈不定愁訴〉は中学生の頃から続いており、幼い頃の喪失や外傷となり得るエピソードや、自殺企図による精神科入院歴もあり、心理的には重度の病態であると考えられました。

そのメカニズムはいわゆる〈身体化〉〔☞p.65〕として理解できます。つまりEさんは、子どもの頃に自分の〝こころの内〟のことを養育者に適切に受け止めてもらえなかったために、こころの「外」に表現しているのではないかと思われました。しかしEさんは、子どもの頃の体験、中学時代の体験、数年前からのストーカーや詐欺まがいの体験について、私に話そうとはしませんでした。

Eさんとの関わりは互いにマスクをつけての関わりでしたが、Eさんの様子から、Eさんには「自分の体験を他人に話しても、何か変わるわけではない」という考えがあるようでしたし、自分の体験を他人に話すことは自然ではないようでもありました。そもそもEさんは、なにかを心理的に体験するということをしていないようでもありました。

Eさんの心身症の病態は、心的なものが象徴化された結果ではなく、具象的に表出されたものであり、「心理的な体験の欠損」があると思われました。私はある意味、Eさんの身体症状をめぐる体験を養育的に具体的に抱えることが心理的に必要だと感じました。

Eさんにとって診断書は、自身の身体症状に伴う職場不適応をめぐる心理的困難をまるごと抱えることになったように思われます。それは傷口を覆う包帯であり、同時に、現実を見ることができない眼を休ませるための「眼帯」のような意味があったのかもしれません。しかしながら比喩としても、包帯はそもそも長期に使用するものではありませんし、眼帯は長期に使用すれば、視力低下を引き起こします。実際に、診断書を提出して健康上の配慮が受けられる期間は決まっています。診断書によってEさんを具体的に抱えながら、その後に予想されるさまざまな経過を考えて、Eさんに必要なことを考える必要があると思います。

その意味で、ただ診断書を作成してEさんの疾病利得〔☞p.26〕に寄与しているという認識ではありません。私の印象では、ここでのような、薬物療法や認知行動療法などの狭義の心理療法ではなく、身体症状をめぐる心理教育や環境調整を中心にした関わりは、今日の精神医療の中心ではなく、心身医療などにおける〝プライマリケア***primary care〟〔☞p.65〕としての意味が大きいように思います。

Eさんの診療がおこなわれている場所は精神科・心療内科を標榜する専門外来ではありますが、いわゆる診療所に位置づけられる医療機関であり、そこでの私の立場は「町医者」です。英国には、一般開業医*general practitioner(GP)*という役割があり、医療制度として心身両面に渡る家庭医療や地域医療がおこなわれています。近年、日本では基幹病院と診療所のあいだにおける病診連携が強化されていますが、英国のＧＰにあたる「かかりつけ医」の役割が増しているようです。近年、家庭医を前面に出したファミリークリニックという名称の診療所が散見しますが、診療所における「かかりつけ医」としての役割のなかに〝プライマリケア〟があるように思います。精神科という専門性であっても、診療所における一般外来であれば、家庭医療や地域医療の一部を担っているように思うのです。

そのように私が考える背景には、私の父親と祖父が内科・小児科の開業医であり、身体的な問題を有する患者を地域で抱えているのを見てきたという経験があります。そのような経験に基づく個人的な印象ではありますが、身体科の開業医に比べて、精神科の開業医では、家庭医療や地域医療という役割がマスクされているのではないかと思います。

Eさんとの関わりに関していえば、精神科プライマリケアとは、患者との治療関係を形成する関わりであり、一般性から専門性への移行的な関わりであり、「家庭医」の役割を通じて、患者のなかにある〝家庭〟を引き受けることであるように思います。

＊身体化 *somatization* とは、無意識的な衝動や防衛（あるいはその両者のあいだの葛藤）などが、言語化による表現が難しい（または精神領域での表現が困難な）場合に身体領域で表現することを指します。身体化した内容によっては、心的なものを象徴化によって置換され表現される場合もありますが、具象的に放出や排出されている場合もあります。

＊＊何らかの身体疾患の存在を思わせる症状が認められるものの、身体医学的な診察や検査をおこなっても、その原因となる疾患が見出せない病像を指します。

＊＊＊プライマリケアとは、身近にあって、何でも相談にのってくれる総合的な医療であり、家庭医療や地域医療や総合診療との関連のある医療行為です。

episode 6

マスクを「する」ことと「とる」こと

人は概して自分のこころのなかや目の前の現実にある都合のわるいものから目を背けて、見て見ぬふりをする傾向があります。「見ざる聞かざる言わざる」ということわざもあります。これは、目や耳や口にマスクをすることの賢さを表しているといえるでしょう。今日、マスキング《masking》という作業は、生活のなかで保護的な目的で為されます。こころに「マスクをする」ことによってこころが健康になるならば、健康のために、「こころのマスク」をすることが必要なのかもしれません。

精神分析的精神療法の本質をめぐる議論としてしばしば論じられますが、「マスクをすること／とること」は〝こころの作業〟です。一般的な精神療法の本質は、患者さんの傷ついたこころの部分を絆創膏・包帯などで「覆う」、毛布や布団などで「抱える」という意味で、マスクをすること《covering》といえるでしょう。

これに対して精神分析の本質は、患者さんのこころの瘡蓋《かさぶた》の下にある膿を取り除くという意味で、マスクをとることuncoveringといえます。精神分析「的」精神療法は、そのうえでこころの健康を取り戻すことを目的とした、マスクすることと／とることとの二方向性からなる臨床実践なのでしょう。

大切なことなのですが、こころのマスクを取るのは患者さん自身であって、治療者が患者のマスクを取るわけではありません。治療者が患者のマスクを取るのは、しばしば「剥がす」こと「剥ぎ取る」ことになるでしょうし、それは時にマスクの下を「覗く」ことや「暴く」ことになりかねません。そのような作業は、侵入的なものであり、患者にとっては外傷的な体験となってしまう可能性があります。

よって、患者さん自身がこころのマスクを取ることができるようになることが大切です。そこには、「マスクを取る」という作業じたいが、安心できる温かい構造によって覆われている必要があるのでしょう。

Fさんのこと

コロナ禍のさなか、かつて私が担当医を務めていた男性のFさんの母親が、数年ぶりに医療機関の精神科外来を受診しました。

Fさんが医療機関の初診となったのは十五年ほど前でした。

Fさんは二十代前半で、初診時に患者さんに書いてもらう簡単な問診票に、相談内容は何も書かれていませんでした。Fさんは診察室に入ると、笑顔で疎通性もあり、「特に困っていることはない」とのことでした。受診に至る経緯についてうかがうと、どうやら家族から勧められて受診したということでした。

受診を勧められた理由を尋ねると、Fさんははぐらかしながら、『ときどき……ですけど』と言葉を添えて、職場で女性が自分を噂しているように思うことがあるということでした。さらに症状についてうかがうと、「半年ほど前から幻聴がある」ということが明らかになりました。しかしFさんは『よくあることだと思いますので、そんなに気にすることではないですけれど……』ということで、「仕事にも行っているので、特に困っていない」ということを強調しました。私は「統合失調症の可能性がある」ということを伝えて、経過を観察するために、次回の予約を提案しました。

するとその数日後に、Fさんの同意を得ているということで、Fさんと同居している母親が受診しました。母親が語る内容は、Fさんが語る内容とは若干異なり、幻聴や関係妄想のために既に仕事は退職しているということで、母親は息子のことを本当に心配しているようでした。

私は母親の心配を当然の気持として受け止めて、母親の観察をFさんと共有して、Fさんの治療につなげることを提案しました。

その翌回に、Ｆさんと母親と同席で診察をすることになりました。

Ｆさんの自覚と母親の観察の違いに触れて、幻聴や妄想に対する治療の必要性について説明し、抗精神病薬の内服を提案しました。Ｆさんは軽く受け流そうとしましたが、母親の説得もあり、内服に同意しました。

抗精神病薬は効果があり、幻聴と妄想が改善したＦさんは再就職を果たし、みずからの意思で自立支援医療費の申請をし、その後に更新の手続きもしました。

しかし病状改善と社会適応とともにＦさんは通院しなくなり、代わりに母親が受診するようになりました。母親によれば、Ｆさんは内服しなくなると、顔つきも険しくなり、家で怒鳴ったりし、仕事を休むようになるといいますが、Ｆさんは病識欠如による拒薬が続くようになりました。私は母親と話し合って、液剤に切り替えて、やむなく非告知投与をすることにしました。

それによってFさんの症状は改善に向かい、仕事も安定していくようでした。その後、自立支援医療費は更新されず、Fさんの母親は、以前に私が処方した液剤を、非告知でときどき投与していたようです。

初診時、統合失調症の診断で抗精神病薬が処方されて、その有効性を確認したうえで、本人の意思で自立支援医療費の手続きも為されましたが、その後、症状改善と社会適応ともにＦさんはみずから通院しなくなり、母親が代理で受診するようになりました。

しかし病識の欠如による拒薬のために病状悪化と社会不適応に至り、母親と話し合って、Ｆさんに対して抗精神病薬の非告知投与に踏み切ることになったという経過でした。コロナ禍において数年ぶりに母親からＦさんの状況をうかがって、かつてのＦさんの治療において「覆い隠された」ものに触れる機会になりました。

日本の精神医療において、抗精神病薬の投与が必要と考えられる精神病の症例で、病識の欠如や拒薬のために治療を適切に施せない場合、精神科医が家族と連携して、「薬の隠し飲ませ」と称する非告知投与がおこなわれていた時代がありました。その前提には医療におけるパターナリズム[*]〔☞p.78〕があったように思われます。

二〇〇七年に医療法が改正されて、同法１条の４に「医師、歯科医師、薬剤師、看護師その他の医療の担い手は、医療を提供するに当たり、適切な説明を行い、医療を受ける者の理解を得るよう努めなければならない」という項目が追加されました。これにより医療の担い手は、患者に対する説明義務を負うことになりました。

二〇一四年にいわゆる精神保健福祉法（精神保健及び精神障害者福祉に関する法律）第41条に基づく、厚生労働大臣による「良質かつ適切な精神障害者に対する医療の提供を確保するための指針」が告知され、精神医療においても、医師等が患者に説明を行い、患者が理解し同意する、いわゆるインフォームドコンセント *informed consent* が基本理念となりました。それ以降、精神医療において抗精神病薬の非告知投与は基本的におこなわれなくなったように思います。

Fさんの治療はこのように精神医療の在り方が変化してゆくなかで続けられ、Fさんの病状の悪化に対しては、母親と連携のなかで抗精神病薬の非告知投与に至りました。

Fさんの治療の場合には、医師法20条で定める無診療治療の禁止に当たるかもしれませんが、経験的に、病識のない精神病患者が治療を拒んでいて、患者が通院可能になるまでのあいだに限定し、臨床経験のある精神科医が患者をよく知る家族などによる情報に基づいて慎重に判断し、患者に対する一定の保護責任を有する者に説明したうえでおこなわれる場合には、無診療治療の禁止は当たらないように思います。しかし既に述べたように、今日の精神医療の在り方からすれば、インフォームドコンセントに関して、Fさんの自己決定権を否定する診療行為であったといえるでしょう。

病識のない精神病患者に対する抗精神病薬の非告知投与は、家族が患者の飲み物に液剤を密かに入れて患者にわからないように飲ませる方法です。そこでは、患者に液剤が投与されていること（あるいは患者への治療行為そのもの）を覆い隠しているといえます。かつて精神医療において、睡眠薬依存のある患者に睡眠薬の偽薬を処方したり、緊張や不安のために鎮静作用のある注射を頻回に希望する患者に生理食塩水を注射したりすることがありました。

病名についても、神経衰弱や自律神経失調症などの隠蔽病名を日常的に使用していましたし、電子カルテが導入される以前は、紙カルテで患者に内容がわからないようにすることが重視されていました。つまり「覆い隠すこと」はかつての精神医療の大きな部分を占めていたように思います。

かつてのような覆い隠す精神医療の在り方は、患者にとって「自分の知らないところで自分について何かがおこなわれている」という体験となり、迫害的で被害的な心的状況といえるかもしれません。「臭い物に蓋をする」という抑圧による、社会‐文化的な精神病理の形成に寄与することでもあります。光の当たらない精神医療の影の部分に光を当てることは大切です。これまで精神医療のなかで覆い隠されていた裏の部分が医療制度をめぐる枠組において表に現れることで精神医療に表裏はなくなるように思います。

しかしながら、人間のこころのなかには、光の当たる意識（オモテの部分）と光の当たらない無意識（ウラの部分）があり、双方が交流する状態が健康といえるでしょう。これまで精神医療のなかで覆い隠されていたウラに光が当たっても、また新たに光の当たらない部分が生じるのではないかと思います。

現在、成人期にあるFさんは、やはり独身で家族と同居していますが、両親の年齢を考えれば、いつまでも乳児を育てる母親のように、非告知で息子の飲み物に液剤を入れ続けるわけにはいきませんし、その事実をFさんが知ったときには、それまでの親との関係が事後的に悪いものに変化するかもしれません。今日の医療が保護者と子どもの関係から、人間と人間の関係へと成長していったように、母親とFさんとの関係も成長することが期待されるでしょう。

＊パターナリズムは「父権主義」と訳されますが、かつての医療は、医師が「保護者」のような立場で患者にとって最良とされる治療を選択する〈医療パターナリズム〉に基づいていました。その背景にはヒポクラテスの言葉「医師は患者の身分を問わず、患者の利益を第一に考え業を行い、患者に危害を加えたり不正な行為を行わない。また、医師は自ら清潔で敬虔な態度を守るべきである」があると考えられます。

episode 7

マスクと日本人

コロナ禍におけるマスク生活という観点でみると、日本人には「マスク強迫」があったように思います。

感染症をめぐる世界観は、感染するか／しないか、発症するか／しないか、という「0か1か」という思考法に基づいています。感染による自分や他人への影響を0か1かという思考で捉えると、日本人のなかにある〈強迫〉心性（払いのけられない不安など）を活性化し、日本人をマスク装着という行動へと導いているように思います。清潔や清浄を好み、不潔や不浄を嫌悪する心理は、日本人の生活文化によく表れているでしょう。

コロナに罹患すると、周りは、人に感染したコロナではなく、コロナに罹患した人を忌み嫌う傾向があるように感じます。このような「感染症という部分がその人全体の評価になる」心理を、私はコロナ前にも、インフルエンザ感染に対する周囲の態度として感じていました。本来は、コロナやインフルエンザに罹患していないときも、罹患したときも、人間としての価値に変わりはありません。私たちは、マスクをしているときとマスクしていないときの両方を受け入れる必要があるように思います。

もうひとつ、パンデミックが収束してもマスクをなかなか手放せない日本人の心理として「マスク利得」があるように思います。「伊達マスク」は意図的にマスクをすることですが、マスクをすることによる利得があると、マスクをするのをやめられなくなるように思います。

マスクには感染予防という大義があるので、合理的に自分を隠したり、他者との情緒的な交流を避けたりできます。ちなみに、濃いサングラスにも顔を部分的に隠す効果はありますが、マスクとはちがって、仕事や学業などで屋内に居て日常的にサングラスをかける合理的な理由はないでしょう。

Gさんのこと

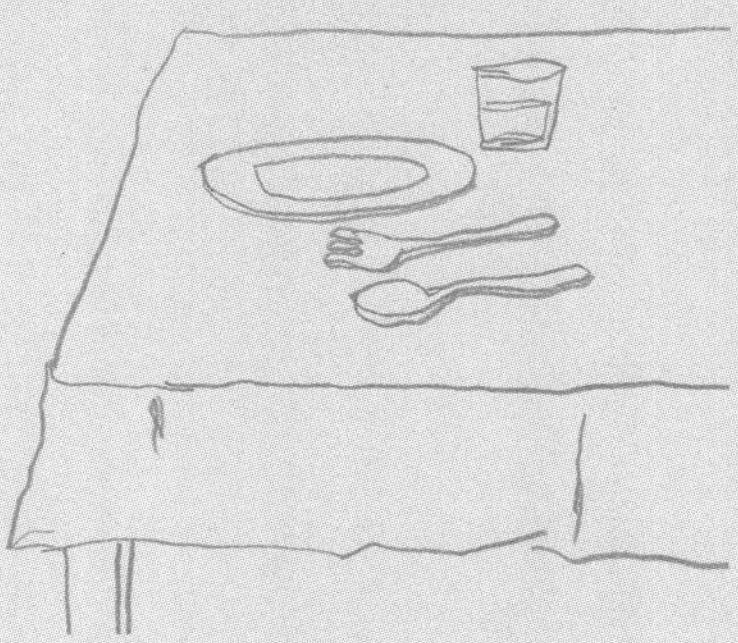

三十代後半の独身女性です。コロナ禍にあって、転院して過食症とうつ病の治療を継続する目的で、前医による紹介状（診療情報提供書）を持参し、医療機関の外来を初診となりました。

外見的には飾り気がなく、中肉中背といえるような普通の女性でした。今回の転院の理由は、他の地域からの転居とのこと。前医による紹介状には、「摂食障害」のほかに「病的窃盗」という病名とともに、Gさんの詳細な病歴が記載されていました。

Gさんは大学卒業後に資格を取得し専門職として働いていたものの、先輩からのいじめもあり、人命に関わる犯罪行為で逮捕され、一定期間、服役した経験があるということでした。

その後、Gさんは福祉関係の仕事に就いていましたが、二十代後半に感染性腸炎に罹患し、体重が減少したことをきっかけに拒食が始まり、短期間で三〇kgを下回る低体重となったために、入院による身体管理がおこなわれたようです。しかし、経管栄養や点滴を破棄するなどの問題行動が見られたために、大学病院で医療保護入院になったことがあるようです。Gさんはみずからの逮捕・服役の事実を、入院後に告白したということでした。

Gさんはもともと両親や妹との関係がよくないようで、妹の結婚・出産の頃から過食が始まり、万引きで逮捕されてから、過食が増悪したようで、警察から心理的な治療を促されたようです。摂食障害に対する認知行動療法*〔☞p.90〕や窃盗症（クリプトマニア）に対する条件反射制御法**〔☞p.91〕を専門医から受けたといいます。初診時には、過食症は比較的安定しており、万引きはしていないということで、福祉関係の仕事に就いているということでした。

Gさんは前医とのあいだで「気分障害（うつ病）を主たる障害、摂食障害（過食症）を従たる障害」として障害手帳（精神障害者保健福祉手帳）を取得しており、私は担当医として、前医による処方内容（少量の抗うつ薬）とともに治療を継続することになりました。その後もGさんは毎月必ず来院し、症状と生活は安定しています。

Ｇさんのこと

コロナ禍において前医の治療を引き継いで、Ｇさんの外来通院は始まりました。前医の紹介状に記載された、犯罪の内容、拒食症の病状、窃盗症の状況などから覗うところ、精神病質や倒錯など、精神科医療において難しい病理を抱えている方であろうと思って、私はＧさんを精神科一般外来で診ていくことができるのだろうか？　という懸念を抱きました。

一方で、互いにマスクをつけての関わりですが、対面して交流した際の私の印象は「普通の人」という印象でしたので、もし前医からの紹介状がなく、Ｇさんがこれまでの病歴を正直に話さなければ、私にはＧさんの病歴は想像もできなかったかもしれません。

前医の紹介状においても、ご自身の語りからしても、Ｇさんが子どもの頃にどのような体験をしたのかよくわかりませんし、特に両親や妹との関係はなぜ良くないのか、よくわからないままです。そもそもＧさんがなぜ人命に関わる犯罪行為に至ったのか？　その後、どうして自分自身の命を危険に晒すような拒食に至ったのか？　よくわからないままです。

少なくとも私からみると、Gさんのこころはマスクで覆われているようでした。

二十代から三十代にかけて顕在化していったGさんの行動－身体レベルでの問題は、現在は安定しているようです。

精神科一般外来の役割が、患者さんの症状を軽減し社会への適応を向上させることであるならば、あえてGさんのこころのマスクを外して、病理を再び顕在化させる必要はないのかもしれません。

さらに、Gさんの病識は、前医とのあいだで取得した障害手帳の病名「うつ病」「過食症」であり、窃盗症などの犯罪行為は過去の出来事として認識しているようです。現在のGさんにとって、「うつ病」「過食症」の治療が主な通院の目的であり、犯罪行為を引き起こすこころについては治療の目的ではないように思います。

実際に外来診療では、うつ病と過食症のフォローアップがされて、現在まで落ち着いていています。精神医学的には、いま犯罪行為がなければ、それまでの治療が有効だったと考えるのかもしれません。

しかしながら力動精神医学***〔☞p.91〕の立場からすれば、Gさんには、現在でも犯罪行為を引き起こす病理は存在するでしょう。それは、生育史のなかで経験したであろう心理的要因のほかに、素因を含む生物的要因や、大学卒業後に専門職として勤務を開始した後の社会的要因もあるかもしれません。Gさんには現在でも犯罪行為を引き起こす病理があると考えることは、Gさんの逮捕歴に対する差別や偏見ではなく、Gさんのこれからの生活のために、Gさんの背景や歴史を大切にすることであると思います。

今日、臨床心理士や公認心理師などの心理職が携わる領域には、医療・教育・産業・福祉・司法の五つの領域があります。精神科医の多くは精神医療の領域で活動しており、他の領域を中心に活動している精神科医は多くはないように思います。しかし私自身の経験からも、精神医療の現場で出会う症例で他の領域に跨がるのは珍しいことではなく、近年では、異なる領域間での連携も増えてきているように思います。私自身は、学校医や産業医として教育・産業領域に直接携わっていますが、経験的に、福祉や司法の領域との連携はあまり多くはないという印象です。

Gさんのように「うつ病」や「過食症」という病名で精神科外来に通院しながら、犯罪行為の歴史や病理を覆い隠している方もおられるでしょう。また、犯罪行為の歴史や病理を有する方のなかには、精神医療とつながらずに日常生活を送っている方は少なくないように思います。私自身、Gさんの外来診療からは、精神医療において**マスクされた**部分を垣間見た気がします。精神医療で活動していると、他の領域での実態はしばしばマスクされるように思います。

＊認知行動療法 *cognitive-behavioral therapy(CBT)* とは、物ごとに対する歪んだ捉え方（認知）をより柔軟的で現実的な考え方ができるように修正することを目的とした認知療法と、学習理論に基づいて行動の変容を目的とした行動療法を組み合わせた精神療法です。認知療法と認知行動療法は、二〇一〇年から医療行為として、保険医療機関に対する診療報酬が認められています。

＊＊条件反射制御法 *Conditioned Reflex Control Technique(CRCT)*とは、パブロフによる条件反射の学説に基づいて、治療の難しい嗜癖行動を制御することを目的とした治療法です。

＊＊＊力動精神医学とは、人間のこころに無意識を想定した精神分析に基づく精神医学であり、精神現象を生物的‐心理的‐社会的なダイナミクスの結果として捉える立場です。これに対して生物学的精神医学とは、精神疾患を脳の疾患と捉えて、生物学的に解明することを目指す精神医学で、近年の精神医学の主流とされます。

episode 8

「隠す」ことと「偽る」こと

マスクの機能は主として「かくす／おおう」ことですが、しばしば「いつわる／あざむく」機能も有します。それは〈仮面・覆面〉としてのマスクといえるでしょう。

実際にはうまくいっていないのにオシドリ夫婦のように見せる「仮面夫婦」、大学生をしながら翌年また受験する「仮面浪人」、一般客を装って店の調査する「覆面調査」、一般車両を装って違反を取り締まる「覆面パトカー」などがそれにあたるでしょう。いずれの例でも、合法的で適応的なことであれば、「偽る／欺く」ことが必要な場面もあるのかもしれません。

その他にも、たとえば「仮面うつ病」という概念があります。これは、身体疾患の仮面をつけたうつ病という意味であり、身体疾患という仮面の向こうにある真の姿を理解することが治療上、大切であるとされます。

また一方で、何かを部分的に〈隠す〉こと〈覆う〉ことによって、全体的な意味や印象が大きく変わることもあります。たとえば近年では、証明写真を提出するにあたって専用のソフトやアプリによって部分的に〈覆い隠す〉ことは容易いようです。あるいは、症例研究論文において臨床的に重要な事実を〈覆い隠す〉ことは頻繁におこなわれます。

本来、〈覆い隠す〉ことは、「消す」ことや「削る」ことではありませんが、事実や原型を〈覆い隠す〉ことによって、その事態の本質や意味を「変える」こと（修正）や「加える」こと（加工）になる可能性、論文では「改ざん」にあたる可能性は常にあるでしょう。

〈覆い隠す〉前と後を比べることができれば、たとえば、提出された証明写真と目の前にいる人物、あるいは臨床事実と臨床描写の印象が大きく異なるということは珍しくないように思います。このように、**隠す**ことと**偽る**ことは連続しているように思います。

Hさんのこと

両親と同居している四十代前半の独身女性です。高校を中退した後、十代後半に境界性パーソナリティ障害 *borderline personality disorder(BPD)*＊〔☞ p.103〕の診断で大学病院から、精神療法の目的で医療機関を紹介されました。

当時のHさんは、自己愛的な万能感とともに、両親を支配しようとして、自分の思いどおりにならないと両親を攻撃するという行動を繰り返していました。

薬物療法とともに、私との週一回の精神分析的精神療法が開始されると、私への理想化と脱価値化を繰り返しました。私の共感的・支持的な関わりを通じて、Hさんの行動レベルでの問題は徐々に安定していきました。治療開始から二年が経過した頃、私の勤務先が変わることになりましたが、Hさんは私の転勤先の精神科一般外来に毎週通うことを決めました。

二十代の頃は、アルバイトを始めて気に入らないことがあると辞める、ということを繰り返していました。

三十代の頃は、漫画の原作者になろうと執筆を始めましたが、出版社で評価されないことがわかると、執筆をやめました。

Hさんは十代の頃から変わらず、母親の送迎で受診しており、両親から心理的に分離して社会的に自立する様子はなく、同じような内容の両親や私への不満を毎週、私に話しました。

Hさんと老年期に入った両親との関係も変わらず、私がHさんに話すことも同じような内容ばかりになり、「変わらない」ことをめぐって、「変わること」が治療上の課題になりました。

Hさんの治療において「変わった」ことは、私自身が年をとったことと、Hさんに対する見立てが境界性パーソナリティ障害*BPD*から自閉スペクトラム*AS***〔☞p.103〕という理解になったことです。治療場面においては、私との分離という文脈で、外来受診が毎週から隔週になり、四十代になると毎月の受診になりました。

　そのようななかでコロナ禍が訪れ、Hさんの日常生活や医療機関への受診などは変化を迫られましたし、診察では互いにマスクをつけての交流になりましたが、治療経過が長いこともあり、担当医の私の印象では、Hさんはコロナ前‐コロナ禍‐コロナ後で大きく変わらないという印象です。

私はHさんの治療に二十年ほど携わってきましたが、当初は自己愛的な特徴を有する〈境界性パーソナリティ障害*Borderline Personality Disorder*（*BPO*）〉という診断で、週一回の五〇分の精神分析的精神療法がおこなわれました。

その過程で「自己の傷つきやすさ」とともに「万能的に親を支配しながら親から離れない」というダイナミクスが展開し、治療者である私にも、そうした関係が向けられました。私はHさんの立場に身を置いて、思うようにいかない体験に共感的に接してゆきました。症状は安定化に向かいましたが、時が経っても、Hさんの思考や行動に変わっていく様子はありませんでした。

このようなHさんの治療の外側では、二〇〇五年から発達障害者支援法が施行されて、発達障害という名称が家庭や学校や職場などで知られるようになりました。このような社会的動向のなかで、子どもの頃に診断されなかったものの青年期以降に発達障害と診断される方がいるという考えが普及し、学校や職場などでさまざまな困難を抱える人たちが「発達障害」の診断を求めて心理検査を希望し、精神科外来を受診するようになりました。また精神医療の現場では、別の精神医学的診断のもとに治療を続けていてなかなか改善しない（あるいは変化しない）場合、背後に発達障害があるという見方をするようになりました。このような症例は、重ね着症候群***〔☞p.104〕と呼ばれます。つまり、さまざまな精神医学的診断の「マスク」の下に発達障害があると考えるわけです。

Ｈさんは ＢＰＯという診断で治療が重ねられましたが、長い治療経過で、上記のような社会的動向のなか、Ｈさんの症状や関係における不変性やＨさんの平面的な捉え方などを私自身が体験し、そのような臨床感覚を通じて、Ｈさんの中核的な問題は〈自閉スペクトラム〉であろうという考えに変化していったわけです。

精神医療は、精神医学のみならず、社会や文化の影響を受けています。たとえば、近年では〈うつ病〉の診断で抗うつ薬が処方されていてもなかなか改善しない場合には、背後に〈躁うつ病〉がある可能性を疑うようになりました。そのような場合には、抗うつ薬を中止し、気分安定薬を中心に処方薬を組み立てるのが一般的になりました。二〇一六年からは、抗精神病薬、抗うつ薬、抗不安薬、睡眠薬はそれぞれ二種類までしか処方できなくなり、長いあいだ精神医療の現場で処方されていたベゲタミン****〔☞p.104〕は製造中止になりました。

Hさんについて言えば、以前は抗精神病薬、抗うつ薬、抗不安薬、睡眠薬などが多剤併用されていましたが、いくら鎮静作用の強い薬剤を内服しても効果は十分ではありませんでした。

この二十年間の上記のような動向のなかで、Hさんに対する処方薬は、十分ではありませんがかなり整理されました。いまから考えれば、これまでHさんに薬理的にはあまり意味のない薬剤を処方していたのかもしれません。Hさんにとっても担当医である私にとっても、処方薬は〝心理的な意味〟によって「薬理的な意味」がマスクされていたのかもしれないと思います。

このようにHさんの治療過程において、徐々に診断や治療のマスクが取れていきましたが、治療において「変わっていかない」という問題に直面しています。Hさんの両親も高齢になり、徐々に病気をするようになりましたし、私自身が専門家としても人間としても有限性というものを感じるようになり、Hさんの治療を永久に引き受けることができないと感じるようになっています。しかしながらHさんは、コロナ前・コロナ禍・コロナ後と確実に年齢を重ねながら、「相変わらず」の言動を続けています。

これまで関わった範囲でHさんのこころについて考えれば、Hさん自身の「こころのマスクで何かが覆い隠されて」見えないというよりも、Hさんが心理的なアイマスクによって、自分自身のこころを見ることができていないように思います。Hさんの診断や治療のマスクが取れていったことには、実際にはHさんの変化というよりも、担当医である私や、私を取り巻く精神医療の変化があります。

担当医としてのアイマスクを外してHさんが直面している現実を

Hさんの代わりに見れば、Hさんが同居している親はHさんよりも先に旅立つであろうという未来が見えてくるでしょう。このような現実を、Hさんは心理的な盲によって見ることができないようです。このように、Hさんの外来診療というマスクの下には、自身の未来に対するHさんの心理的な盲をどのように補っていくか、という問題が横たわっていると考えられます。

＊パーソナリティとは、青年期に固定化される、人間における物事の捉え方や、思考および行動のパターンの様式を指します。パーソナリティ障害では、パーソナリティの歪みや偏りによって、認知・感情・対人関係・衝動などの領域において、広汎で永続的な苦痛や機能の障害が生じます。なかでも境界性パーソナリティ障害*BPD*では、対人関係・自己像・感情などの不安定さと著しい衝動性が特徴です。

＊＊自閉スペクトラム *autism spectrum (AS)* には、対人交流や対人関係の困難に加えて、強いこだわりや限られた興味をもつという特徴があり、スペクトラムという言葉にあるように、正常と異常の連続性を想定してい

ます。これらの特徴のために日常生活に支障が出る場合には、自閉スペクトラム障害ASDとすることになります。

***重ね着症候群とは、衣笠隆幸が提唱した概念であり、当初は、さまざまな精神医学的診断がついているが、背後にいわゆる高機能広汎性発達障害があると考えられる青年期以降の臨床群を指しています。診断を洋服に喩えて重ね着するように、外側と内側に二つの診断があることを指しています。

****ベゲタミンとは、鎮静作用を有するフェノチアジン系のクロルプロマジン、抗パーキンソン作用や抗ヒスタミン作用を有するフェノチアジン系のプロメタジン、というプロメタジン、鎮静作用と催眠作用を有するバルビツール酸系のフェノバルビタールの合剤であり、一九五七年から販売されていいましたが、日本精神神経学会の要望で製造中止になりました。

episode
9

仮面としてのマスク

月光仮面を初めとして、日本の特撮ヒーローの多くは〈仮面〉をすることが多いです。特撮文化を代表する仮面ライダー、スーパー戦隊、ウルトラマンなどでは、人間の本体を保ちながら変身することで能力が飛躍的に伸びて、相手に勝利した後に元の姿に戻り日常生活を送る、というコンセプトです。

子どもの世界において〈仮面〉による変身は、同一化の対象や万能的な自己の空想という意味をもつでしょう。アニメのタイガーマスクでは、マスクが主人公の二面性をめぐる変身という役割を果たしていました。

一般社会において「此処一番」というときに頭に鉢巻きをすることや勝負服を着るという行動は、心理的な変身の儀式といえるでしょうし、おしゃれの目的で化粧やサングラスや1dayへアカラーなどで普段の自分とは違う自分になることにも、変身的な意味があるでしょう。テロ活動や銀行強盗や学生運動でマスクをすることは、自分の素性を他者に明かさないことが目的ですが、日常の自分と異なる自分に変身するという意味もあるでしょう。このように〈仮面〉としてのマスクには〝変身〟という意味があるように思います。

ユング心理学には、人《person》や人格《personality》の語源であるペルソナ《persona》という言葉があります。ペルソナとは、仮面劇で役者がつける〈仮面〉を表しており、人間には外的に適応するためにペルソナという**外的人格**があるとユングは述べています。その意味で、人間社会を「仮面舞踏会」や「仮面劇」に喩える見方もあるでしょう。

人間にとって、TPO（時、場所、場面）に合わせて〈仮面〉をつけることは大切ですが、外的人格に対する**内的人格**つまりペルソナの下にある自分の素顔を知ることも大切です。それにしても、人間は鏡がなければ、自分の顔を見ることはできませんし、鏡に映る自分は常に反転しています。〝素顔の自分〟を見るには、やはり自分の姿を映し出してくれる対象が必要なのでしょう。

part 2

So many masks, so many minds

mémoire
コロナ時代のメモリー

マスクへの抵抗感

いまから思えば、私がマスクを日常的に装着し始めたのは、二〇二〇年年三月にWHOがコロナのパンデミックを宣言してしばらく経った頃でした。

精神科医がマスクをつけると、患者との情緒的な交流が難しくなるので、私はこれまで精神科臨床においてマスクをつけたことがほとんどありませんでした。そのため、マスクをつけることにはかなり抵抗感がありました。

その後も、精神科臨床においてはなるべくマスクをしたくなかったのですが、新しいライフスタイルへの適応でしょうか、コロナ生活が一年半にも及ぶと、マスクをつけることにすっかり慣れた自分もいるように思うのです。

身体科医のマスク

よく考えてみれば、身体科医（精神科医ではなく）はコロナ以前から、臨床現場で白衣を着るかのようにマスクをつけることは珍しくなかったように思います。白衣を着てマスクをつけた姿は、ある意味「医者らしい」姿かもしれません。

身体科医にとってマスクは、患者から感染症をうつされないための（あるいは患者に感染症をうつさないための）日常的な感染防止アイテムでしょう。さらに、診察するときには、患部や身体を観察し評価することが最も重要ですので、マスクをつけない face to face の情緒的な交流はそれほど重要ではないのかもしれません。

とは言っても、マスクをめぐって、身体科医と患者の交流は確実に起きています。

医師に対人的な交流を期待する患者にとっては、医師がマスクをしていると表情がわからないので、不安に感じたり、医師の態度が冷たいと思ったりすることがあるかもしれません。

反対に、自分の身体を診られる際に医師がマスクをしていたほうが恥ずかしくない、と思う患者もいるかもしれません。産婦人科の検診台に備えつけられたカーテンなどは、身体的診察の際に生じる患者の羞恥心への配慮の代表といえるでしょう。

自分が身体科医に診察される様子を見たくないという心理の背景には、医師への信頼に基づく患者の依存があるように思います。いずれにしても、身体科医がマスクで顔を隠して、患部（身体）を見られているということを感じさせないようにする治療文化の背景には、〝恥〟の文化があるように思うのです。

mémoire

隠すためのマスク

コロナ以前から、冬になるとインフルエンザの感染防止のために、春になると花粉症対策のために、マスクをつける姿を町中で見かけていました。

十数年ほど前からでしょうか、外出時や仕事中にいつもマスクをしている人たちが増えていったように思います。本来の衛生上の理由は特に無いにもかかわらず、顔を隠すために着用するマスクは「伊達マスク」と呼ばれます。

この造語の由来は、実際は必要ない装身具という意味で「伊達メガネ」でしょう。伊達《だて》という言葉には「ひけらかす」「見栄を張る」という含意があることから、実際には〝隠す〟とは反対の意味も込められていることに注目です。この点には次節でふれます。

米国で暮らしている私の家族によれば、マスクをして店に入ると不審人物と疑われるということで、普段はマスクをすることはないようです。

伊達メガネや伊達マスクをしている人のなかには、なにか疚《やま》しいことをしている人や、顔を晒すことで周囲に影響を与える人など、顔を隠す必要のある人もいるのかもしれませんが、日本では、欧米に比べて、顔を隠したいと思う人が多いのではないでしょうか。

欧米の女性は日本の女性に比べてあまり化粧をしないといわれます。日本の女性が化粧をするのは「素顔を隠す」意味合いが大きいように思います。その意味で伊達マスクは〝仮面〟であり、日本人に特有の現象なのかもしれません。

ちなみに「伊達マスク」をしている人によれば、マスクをつけると人目を気にしなくてもよいので、マスクをやめられなくなるようです。「マスク依存症」という言葉もあるようですが、マスクを外すことができない場合には、顔露出恐怖などの病理が潜んでいるのかもしれません。

見せるためのマスク

コロナ生活において、当初の「マスク不足」の時期を経ると、やがて素材・目的・色・サイズ・ブランドなど、さまざまなマスクが開発され、商品化されました。長期化する〝避密〟ライフにおいて、人びとは自分らしいマスクを選び、マスクを通じて自分をアピールするようになったのでしょう。あの頃、マスクは単なる感染防止アイテムではなく、伊達マスクのように顔を隠すものでもなく、個性を表現するファッション・アイテムへと変わっていったように思います。時おり、女性の下着を彷彿させるランジェリー・

マスクを見かけることもありました。コロナ生活における人間の本能と創意工夫への熱意を感じたものです。

　このような流れのなか私も、自分の青春時代のアイデンティティであったVANやBrookes Brothersが売り出した布製マスクを購入しようと思ったこともありました。しかし、感染防止対策という本来の目的と医療職としての現実から自由になることができず、定番の白かブルーの不織布マスクを身につけていました。

マスク顔を見る、見られる

こうしてマスクをつけるという行為には、仮面のように顔を隠すことと、自分の個性を見せることの二つの力動があるわけですが、マスクをつけている人を見る側にもさまざまな力動があるように思います。

　マスクをしている顔は「マスク顔」と呼ぶことができるでしょう。コロナ生活においては、誰もが家の外でマスク顔をしています。電車や街中などの屋外で不特定多数のマスク顔の人々を見ていると、それぞれの顔というよりも、「マスク姿」の人々を漠然と眺めているだけ、のようにも感じました。

　それは、皆が同じ姿であることによる集団的な〝マスキング〟効果だったのかもしれません。マスクはまるで、全日本コロナ感染防止対策チームのユニフォームのようでもありました。

マスクをするということには、顔を隠す意味合いがありますが、実際には、鼻と口を含む顔の約下半分を隠しているだけで、いわゆる覆面のように、顔のすべてを隠しているわけではありません。よって、目を中心とした顔の約上半分で相手と関わることになります。

職場や学校などで、互いのことを知っている関係であれば、たとえ「マスク顔」であっても、相手が誰であるかは容易にわかるでしょう。つまり既に人間関係がある場合には、マスクで顔を隠しても、マスクの中の顔をほんとうには隠すことはできないように思います。

しかし、あまり面識のない人との交流において、マスクの中の顔が気になることがあります。人間には外見と内面があることに注目して、患者のこころの中の世界を考える臨床姿勢が身についているからなのかもしれません。

いずれにしても、私にしろ誰にしろ、マスクの中の顔が気になるのは、「いま自分が話している相手は、どのような人なのか?」ということをいろいろと空想しながら交流しているからなのでしょう。

「マスク美人」「マスク美男子」という言葉も囁かれました。

相手の顔の上半分が見えて下半分が見

えない状況では、見る人が「見えない相手の顔」を投影的に空想するのではないかと思います。身を覆う装着具というものは、その一部を隠すことによって隠されたものを相手に空想させることで、隠されたものの〝秘密〟性を高めて、より魅力的なものにするように思います。

北山修の提唱した〈見るなの禁止〉のことを思い出します。見えないと見たくなるという本能的欲求が、人間にはあるように思われるのです。新春に販売される福袋などは、この心理を利用しているのではないでしょうか。「見えないと見たくなる」という力動の起源は、子どもの頃に両親の寝室で何が起きているのかを空想する〈原光景〉空想であるようにも考えられます。

「伊達マスク」や「マスク依存症」の人びとは、マスクで顔を隠すことで素顔（素の自分）を隠しているのかもしれませんが、じつはマスクで顔を隠すことで、他者にとっての魅力的な対象になろうとしているのかもしれません。マスクで顔を隠すことには、〝性愛〟的なこころの動きがあるように思えてならないのです。

加えて、マスク顔をみる人が、マスクをする人やマスクそのものを性愛の対象にする場合には、ある種の偏愛となり「マスクフェチ」と呼べるのかもしれません。

精神科臨床におけるマスク

コロナ生活以前の精神科臨床において、けっしてマスクを外さない患者さんに出会うことがありました。

ある人〔本書前篇に登場するCさん〕は、それなりの主訴をもっていましたが、初診時からマスク姿で現れて、そのことに触れても、私の前でマスクを外すことはなく、自分（の、こころのなか）を見られることを拒み続けました。

Cさんとの治療関係は、こころのなかを「隠す‐対‐見る」という関係から「隠す‐対‐暴《あば》く」という関係へと発展した感があります。同時にCさんからは、「こころのなかに触れないで、こころのなかを治してもらいたい」という魔術的な転移を向けられていたように思います。

また別のある患者さんは、治療関係のなかで私に対して嫌悪感を抱くようになると、マスク姿で現れて、ただ処方だけを求めるようになりました。私とのface to faceの交流を絶ちたかったのでしょう。

このように精神科臨床では、さまざまな理由（こころの動き）でマスクをつけた患者さんに出会います。そうしたケースを「マスク症候群」と呼ぶことができるかもしれません。

不思議なことといえば、コロナ生活に入ると、「マスク症候群」の力動がまったく目立たなくなる、という経験を私はしました。またさらに、コロナ以前には「不適応」的（あるいは「病理」的）とされていた現象が、コロナ生活においてすっかり隠れた（マスクされた）ということを経験しています。コロナ生活において、コロナ以前の問題がマスクされた病態を「コロナマスク症候群」と呼ぶことができるかもしれません。

マスクと強迫

私の記憶では、WHOがパンデミックを宣言する前までは、マスクの着用を推進する報道とともに、「マスクや衣服の表面にはウイルスが付着しているので注意が必要」との報道がしばしばありましたが、しばらくして、マスクの取り扱いについてはあまりクローズアップされなくなり、マスクを「するかしないか」ばかりが話題となりました。

そしてさらに、二〇二〇年四月の最初の緊急事態宣言の後、コロナ感染防止対策としてマスクが「必需」という言説が広がると、マスク不足への危機感とともに、不織布マスクの他にも、ウイルスを含む飛沫の侵入を防ぐことができる「N95マスク」なども注目されるようになりました。

一般に、ウイルス感染に対する生体の

反応は「感染しているか否か」に二分され、さらに感染している場合にも「不顕性感染か顕性感染か」に二分されます。

このような二分される世界のなかで人間は、なにかに突き動かされる心性となるように思います。そうした〝強迫〟心性が喚起される状況で、私は次のようなことを感じることがありました。それは「高性能マスクを手に入れても、正しく装着していなければ、感染防止効果はあまりないのではないか」ということです。

そのような「頭隠して尻隠さず」を彷彿とさせる人びとの行動に触れるにつけ、私には、コロナ生活における「マスク装着」の意味は、実際のコロナ感染防止の生物学的な効果というよりも、不安を〝払拭する〟というコロナ感染防止の心理的な意味合いが大きいように思われました。

コロナが全国的に蔓延する前には、マスクをつけていない人がマスクをつけている人から攻撃的な言動を受けた、という報道をよく目にしました。マスクをつけることで周囲に安心を与え、「周囲が安心することで自分も安心できる」という力動があったように思います。

そしてなにより私は、コロナ生活においてウイルスよりも怖いものは、コロナに関連した〝人間の攻撃性〟だと感じた次第です。

société
こころのマスク社会

組織と個人

これまで私は大学で、学校医・産業医という立場でキャンパス・メンタルヘルスの仕事に携わってきましたが、大学を構成する学生や職員の個人のメンタルヘルス不調の背後に「組織的な要因」がある、と思われることがしばしばあります。

そうした要因のひとつに〈セクショナリズム *sectionalism*〉という言葉で表されるような、組織の割拠《かっきょ》的あるいは縄張《なわば》り的な体質・文化があります。それは、同じ組織に存在する上下関係や並列関係において「連携」した営みがなく、組織全体の目的を遂行するために必要な情報が交換・共有されない状況で、問題になるように思います。それは結果的に、組織全体の目的や利益につながらないように思います。

〈セクショナリズム〉は、組織が構造化される過程における力動でもありますので、組織（および組織を構成する個人）は、基本的にセクショナリズムを保持するように動きます。組織は外部からあるいは内部からのさまざまな事案に対応する過程で、しばしば前例のない状況に直面します。すると、セクショナリズムに基づく作業では対応困難な状況になります。その作業が、組織を構成する或る個人に集中することになります。そのようななかで個人のメンタルヘルス不調が発生することになります。

「組織」の問題は、個人を取り巻く社会的要因のひとつですので、個人のメンタルヘルスケアにおいては、生物的要因や心理的要因に併せて「組織」の問題も考慮する必要があります。そこで、組織が或る個人のメンタルヘルス不調を経験する過程で、組織の構造や作業を改革する

ことになればよいのですが、古い体質や文化の組織では、そのようにはならないことがほとんどです。

次第に、組織のなかの個人だけでなくメンタルヘルスの専門家さえも、組織の問題について、分かっていても変わらないので、あえて「見ない」ようになります。つまり、見えていても見ないというマスクされた状況になるといえるでしょう。このような〝組織におけるマスク〟は、組織の外からは見えないもので、組織の内に入ってから徐々に見えてくるものだと思います。

他方で、組織におけるさまざまな問題の背後に、組織に影響を与える「個人の

要因」があると思われることもしばしばあります。ここでいう個人の要因というものには、疾病、特性、性格、思想、信条などさまざまなレベルがあると思いますし、組織のなかの管理的な立場の人から現場で活動する人まで、さまざまなレベルがあると思います。

私の経験では、そのような「個人の要因」はどのような組織においても常に存在します。多くの場合は、そのような個人の要因が組織に与える影響を最小限にするよう、改組や異動などによって組織内で対応してゆきますが、近年では、「適材適所」という理念や「組織と個人の契約」という観点で、組織内外の行き来が普通になっています。それによって〈組織〉における問題は、目に見えるかたちでは無くなることが期待されますが、そのような個人の要因は組織のなかにその後も存在し続けますので、ある意味で、組織対応によって「個人の要因がマスクされた」といえるのかもしれません。

組織における個人の要因をいかにマスクするかということが組織運営の鍵になるのかもしれませんが、別の見方をすれば、個人の要因を抱えてゆく組織であり続けられるか？　ということでもあります。そのような場合には、組織のなかの個人には定年や任期がありますので、「来る者」と「去る者」の健康な新陳代謝が大切であるように思います。

ハラスメントとメンタルヘルス

キャンパス・メンタルヘルスの現場で仕事をしていると、〈ハラスメント〉に関連すると思われるさまざまな症例や状況に遭遇することがあります。

メンタルヘルス相談の対象がハラスメントの被行為者（被害者）になる場合もあれば、ハラスメントの行為者（加害者）である場合もあります。その他に、精神医学的な診断がつく場合／つかない場合、精神医学的な治療が導入される場合／導入されない場合、ハラスメントとして認

定される場合／認定されない場合など、さまざまです。

ハラスメントとメンタルヘルスの関係について、因果関係という視点で捉えると、大きく分けて、メンタルヘルスの問題を要因としてハラスメントに発展する場合（メンタルヘルスから、ハラスメントへ）と、ハラスメント体験が要因となってメンタルヘルスの問題に発展する場合（ハラスメントから、メンタルヘルスへ）があるよ

うに思います。

たとえば、〈パーソナリティ障害〉の傾向があると、被害－加害的な体験や認知に加えて、感情や衝動の制御が難しいこともあり、被害的な体験に基づいて加害的な言動をするかもしれません。〈自閉スペクトラム〉傾向のある方で、相手の気持がわからず、相手に対する配慮のない無自覚的な言動があると、それによって相手が不愉快な体験をして、被害－加害的な関係が展開するかもしれません。

また、ハラスメント体験によるメンタルヘルス不調は〈ストレス関連障害〉にあたると思いますが、行為者によるハラスメントの内容や期間のみならず、被行為者における心理的あるいは体質的な要因によっても、その症状の程度はさまざまだと思います。

いずれにしてもメンタルヘルスケアにおいて、ハラスメント体験は常に考慮する必要があるように思います。

ハラスメントとメンタルヘルスの関係を複雑にしている力動には、メンタルヘルス不調の背後にある、ある種のハラスメント体験が「心的外傷」としてこころのなかでマスクされていて、記憶として想起されない場合があるように思います。そのような場合には、いわゆる攻撃者との同一化としてハラスメントの行為者という「加害者」の立場を繰り返すかもしれませんし、反対に、ハラスメントの被行為者という「被害者」の立場を繰り返すかもしれません。

本来、メンタルヘルスケアとハラスメント防止は、目的も役割も異なります。概してメンタルヘルスケアは無意識的で心理的な力動を重視していますが、ハラスメント防止は意識的で社会的な現象を問題にしています。ハラスメント防止の視点からみると、メンタルヘルスケアで重視している力動や現象はある意味でマスクされているといえるでしょう。ハラスメントは人権侵害に関する具体的な言動を問題にしていますので、行為者や被行為者の心理的な問題に安易に踏み込むことには人権保護の立場から慎重なのかもしれません。メンタルヘルスとハラスメントには相容れない境界があるようにも思われます。

メンタルヘルスケアとハラスメント防止の関係は、医療と司法の関係に近いように思います。私の経験でいえば、メンタルヘルスとハラスメント防止は、必要に応じて都度、連携する必要があると考えています。

両性のあいだの両価性

近年、性的同意*sexual consent*という言葉をしばしば耳にします。

性行為の際に、それを積極的に望んでいるかを互いに確認し合うことであり、ここでいう性行為とは、性交に限らず、性的な意味をもつ行為を指していると思われます。性行為に対して同意する能力があると見なされる年齢は、二〇二三年七月から日本の刑法において十三歳から十六歳へと引き上げられましたが、そこには、大人による不同意性交渉や不同意わいせつから未成年者を守るという意味があるように思います。

これまでキャンパスにおける健康教育において、性的同意を含む「性行為の力動」についてとりあげられることは、多くなかったように思います。これらのテーマについて講義で扱うことには、難しさがありますが、最近、私は前述のハラスメント防止の観点に加えて、不同意性交等罪や不同意わいせつ罪などについても言及し、健康教育のなかで性的同意や性行為の力動について触れるようにしています。

こうしたテーマをとりあげることには、覆いとなっていた〃マスクを外す〃意味があるように思います。

精神分析の理論に基づくと、本来、人間は性的本能を有しており、子どもにも小児性欲 *infantile sexuality* があると考えられています。ここでいう性欲とは、性行為に直接結びつく大人の性欲とは表れ方としては異なる「性の本能」と呼べるものです。ただしこの考え方は、言葉の選択も含めて、しばしば批判の対象となってきました。

子どもは、二次性徴という思春期における身体的な変化とともに、親からの分離－個体化の過程において、さまざまな対象を選択し、内的－外的（あるいは無意識的－意識的）な交流が起きますが、その過程において性的な行為に至ることになるように思います。

精神分析的な理解に基づけば、性的同意は、双方の性的本能の満足に向けて、性交を禁止する超自我から自由な双方の自我による現実的な契約であり、そこは「愛すること」と「愛されること」をめぐる関係性に基づいていると思います。

性的同意は、医療におけるインフォームドコンセント *informed consent* のごとく、目的・方法・効果などを「説明」して文書に署名して「同意」を得るというものではないと思われますが、少なくとも意識レベルの行為であり、相手の意思を前提にしていると思われます。最近の動向としては、“No means No”（相手が拒否することはしない）という考え方から“Yes means Yes”（相手が同意したことをする）という方向に進んでいるようです。

いずれにしても「厭じゃ厭じゃは～の癖」「嫌よ嫌よも好きのうち」「厭と頭を縦に振る」などの諺で描かれている人間の言葉や態度の奥にある、本音や本心というものは、今日の性的同意に対する考えには無いように思います。

精神分析の考え方からしますと、人間は発達早期に「愛と憎しみ」あるいは「良いと悪い」という両価的な関係や感情を〝葛藤〟として体験していますし、それらはその後も、無意識の世界のなかに存在し続けます。

性的行為に際しても〝両価的な気持〟があっても不思議ではないように思いますが、今日の性的同意については、そうした「人間の複雑な心理がマスクされている」ように思います。

電子メールとＳＮＳ

私が初めて自分の電子メールのアカウントを取得したのは、Windows95が発売された頃で、当時はAL-Mailというソフトを使っていました。

あれから三十年が過ぎて、電子メールを使わない日など一日たりともありません。また、二〇一八年年からＳＮＳを使っていますが、そのアプリを閲覧しない日など一日たりともありません。

ただ、たしかに、容易に誰かとつながれるという感覚がありますが、他方で、誰

société

かとのつながりから自由になれないという感覚もあります。

最近の電子メールについて、しばしば感じることがあります。

私の感覚では、メールの基本は「封筒に入れて送られて来る」手紙であり、送信者と受信者の二人の関係のなかで送受信されるものです。しかし今日ではメール会議のように、送信者が複数の相手に対して送信する場合、ＣＣ《*Carbon Copy*》とい

う表示で「見える形で第三者が加わる」場合、ＢＣＣ*Blind Carbon Copy*という表示で「目に見えない第三者が加わる」場合などがあります。またＢＣＣということを知らされないままで、ステルスＢＣＣが交わされている場合もあるかもしれません。

　このように今日の電子メールは、封緘された手紙というよりも、誰でも見ることのできる葉書に近いのかもしれません。

　そのうえで私は、最近の電子メール文化に違和感を抱くことがあります。

　それは、或る相手に送った文面が私の承諾を得ることなく、第三者に転送あるいは引用されることです。私の常識では、ある相手が自分に送った電子メールの文面を第三者に転送（あるいは引用）する場合には、相手の承諾を得る必要があるように思います。なぜなら相手は、第三者に引用や転送されることを前提に自分に電子メールを書いていないと思うからです。第三者に引用や転送することがわかっていたら、そうした状況に向けた文面になっていたかもしれません。

　なにより問題は、想定する相手に送ったときの文脈とは異なる文脈で第三者に内容が伝達されることです。その結果、想定外のところで「言質を取られた」ように感じることもあります。

　最近では、電子メールの文面は、たとえ特定の相手とのあいだでやりとりであっても、常に「第三者に転送（あるいは引用）

される」という前提で書く必要があるように感じています。つまり電子メールには、マスクされている部分とマスクされていない部分があるように思うのです。

他方、二〇一〇年頃からFacebook, Twitter (X), Instagram, LINE, YouTubeなどのSNS*Social Networking Service*が急速に普及しています。これによって、個人が社会に向けて何かを表現・主張することが日常的に可能になったように思います。SNSによる表現や主張は、こころのマスクを外して、こころを開放するという意味があるように思います。それは一部の人たちのメンタルヘルスに貢献しているることでしょう。

しかし、個人が自由に何かを表現や主張することが、個人や集団にさまざまな影響を与えることもあります。表現や主張する内容によっては、いわゆる「ディスる」という個人による否定や、「炎上」という集団による非難などが起きるかもしれません。

そのような場合には、限定公開にしてみずからの存在をマスクしたり、本音や本心をマスクして表現や主張したり、匿名化によって本名をマスクしたりすることが必要になるのでしょう。どうやらSNSとの関係を通じて、〝社会におけるマスク〟という力動について考えることができそうです。

いかがでしたしょう？　マスク劇場……

本書の副タイトル《避密な時代のこころの秘密》とは、密（密閉・密集・密接）を避けがちになった現代において、私たちはどのような〝こころの秘密〟を抱いているのだろうか？　という問いを表しています。

コロナ生活を経て、オンラインでの交流が増えるとともに、対面で会う機会が求められる社会でもあります。つまり「避密な時代」にあって私たちは、避け（遠のき）ながら密になる（近寄る）という矛盾や逆説を生きているのかもしれません。

他者との親密な関係に対して関心が乏しく、社会的に距離をとり、感情の表現が少ない、といった特徴をもつ人がシゾイド *schizoid* と呼ばれたりします。コロナ禍において私たちは〈三密《さんみつ》〉――密閉・密集・密接――の回避という掛け声とともに、リモートワークやオンライン会議などによって、ある意味でシゾイド的な生活を迫られていたように思います。もともとそういう傾向の人にとっては適応しやすい方向に向かったのかもしれませんが、強制されたシゾイド生活のなかで心理的困難を感じた方は少なくなかったのではないでしょうか。

私自身の青年期臨床の経験でいえば、青年期のこころの成長には〈三密〉――濃密な体験・親密な関係・秘密の世界――が欠かせません。

「避密な時代」であるからこそ、「こころの秘密」というものを大切にしたいと、私は思うのです。そのためには、私たちが無意識的に身につけている〝こころのマスク〟をいったん外して、マスクの下にうごめいているドラマを観てみることが大切かと思い、本書を上梓する次第です。

本書は、コロナ禍での避密な経験のなかで思い巡らしたこころの秘密の一部であり、私自身のこころのマスクを外す体験とも言えますが、本書を読んで下さる皆様がみずからの〝こころのマスク〟を外してみるきっかけになれば幸いです。

本書は、二〇一九年度の終わりから始まった新型コロナウイルス感染症のパンデミックによるマスク生活のなかで、二〇二一年六月から木立の文庫のウェブサイトでスタートした連載エッセイ《ぼくたちコロナ世代――避密ライフのこころの秘密》をもとに、〃マスク〃という視点で、日常生活や日常臨床の断片を自由連想風に考察したものです。

コロナで日常生活が制限されていた頃、周りとの連帯感を求めて、連載のタイトルに〈ぼくたち〜〉という言葉を用いたように覚えています。当時、要請された密の回避を〈避密〉という造語で表し、私たちのさまざまな〃マスク〃の下にある〈秘密〉に注目して、サブタイトルが決まったようにも記憶しています。

私は、日頃は大学教員という「公的なマスク」をつけていますが、実際には、大学という職場や人間のこころのマスクの下にあるものに触れる仕事をしています。とにかく目立たない仕事ですが、細々と地道に四半世紀ほど続けています。その意味で「マスク劇場の仕事人」ともいえます。

私たちの仕事には基本的に守秘義務があり、そこでの体験は「守秘マスク」で覆われています。臨床論文を書く際には、個人が特定されないように割愛や偽装などのさまざまな配慮が求められていますので、ある意味で「学術的マスク」をつけることになります。

そのように、私の仕事の中核的な部分は「マスクの下」にあるため、マスクを取り外すことには、強い抵抗があります。しかしながら、マスクをつけてその下の〝舞台〟で演じることで、私のなかにある見せることへの抵抗感は若干、軽減したように思います。

こうした流れで上演してきた〝マスク劇場〟は終演となります。演目が終わったあと観客の拍手をにこたえて、出演者が再び舞台に呼び戻されるシーンを「カーテンコール」と呼びます。これは観客にとって、劇場との別れであるとともに、銘々の現実に戻る時間・場でもあります。ここでは〝マスク劇場〟のカーテンコールとして、コロナ禍からの避密ライフにあって、本書の出版を支えてくださった方々の名前を挙げたいと思います。

コロナに見舞われた二〇一九年度末は、名古屋工業大学保健センターに勤務していました。同センターの中野功教授、麻生伸代さん、鈴木こず恵さんには助けて頂きました。こころよりお礼を申し上げます。

その後、二〇二一年～二〇二三年度は、慶應義塾大学環境情報学部および心身ウェルネスセンターに勤務しました。慶應SFC〔湘南藤沢キャンパス〕では多くの学生さんの指導に携わりましたが、たくさんの方々に支えて頂きました。殊の外お世話になった濱田庸子教授と、森さち子教授、そしてカウンセラーの先生方とスタッフの皆さんに深謝します。

また、コロナ以前から私の臨床実践を支えて下さっている共和会の榎本和先生と、桜クリニックのスタッフの皆さんにも、お礼を申し上げます。

今回、私のモノトーンな原稿に趣向を凝らしてアレンジを施し、ニュアンス豊かに一冊の本にして下さった、木立の文庫の編集・製作スタッフの皆さんに感謝します。木立の文庫さんの「魅せるマスク」の技を見せて頂いたように思います。

そしてなにより、連載エッセイの発案から本づくりの隅々まで、さまざまなかたちで導いて下さった木立の文庫の津田敏之さんには、こころからお礼の気持を伝えたいと思います。

最後に、かけがえのない源家族と現家族に感謝します。

以上のような私の感謝の気持は、すべて本心ではありますが、そこには私の罪悪感がマスクされていることを付け加えたいと思います。

秋分の日の前に、岡田家のお墓参りを終えて……

岡田暁宜

LETTERS
Who Moved The
The Little

著者紹介

岡田暁宜（おかだ・あきよし）

1967年愛知県生まれ。
名古屋大学総合保健体育科学センター／大学院医学系研究科精神病理学・精神療法学教授。

名古屋市立大学大学院医学研究科修了、医学博士。愛知医科大学助手、愛知教育大学講師・准教授、南山大学教授、名古屋工業大学教授、慶應義塾大学教授を経て、現在に至る。
専門領域は、精神分析、精神分析的精神療法、力動精神医学、大学メンタルヘルス、心身医学。

編著書に『精神分析と文化』〔岩崎学術出版社，2012年〕、共著書に『週一回サイコセラピー序説』〔創元社，2017年〕、『コロナと精神分析的臨床』〔木立の文庫，2021年〕、『寄り添うことのむずかしさ』〔木立の文庫，2023年〕などがある。

kodachi no bunko

マスクの下《した》の小劇場《しょうげきじょう》

避密《ひみつ》な時代《じだい》のこころの秘密《ひみつ》

2024年11月１日　初版第１刷印刷
2024年11月10日　初版第１刷発行

著　　者　岡田暁宜

発 行 者　津田敏之

発 行 所　株式会社 木立の文庫
京都市下京区新町通松原下る富永町107-1
telephone 075-585-5277　facsimile 075-320-3664
https://kodachino.co.jp/

造　　本　上野かおる
装・挿画　まきみち
DTP組版　東 浩美
印刷製本　モリモト印刷株式会社

ISBN 978-4-909862-41-9　C1011